KB272871

인터넷시대의 디지털상품 성공전략

– 상품속성별 기술수용모델을 통한 분석

인터넷시대의 디지털상품 성공전략

- 상품속성별 기술수용모델을 통한 분석

채 영 일 著

한국학술정보㈜

우리들은 기술의 속도가 생각의 속도를 앞서나가는 21세기에 살고 있다. 이러한 사회에서 인터넷과 컴퓨터 환경은 조금만 눈을 다른 곳에 돌려놓고 지내도 적응하는데 적지 않은 시간이 걸린다. 그만큼 정보기술이 삶의 필수요소가 되어가고 있다는 반증이기도 하다.

우리들이 자주 접하는 다양한 상품들도 구매패턴이 변화되어 과거 상점에서 구매하던 시절에서 이제는 인터넷으로 구매하는 시대로 접어들었다. 상품의 구색 또한 오프라인에서 판매되던 상품을 온라인으로 "판매경로만 변경"하던 시기를 지나 현재는 "온라인에서만 구매할 수 있는" 상품들이 나타나게 되었다. e-book, MP3, 교육컨텐츠 등이 그러한 예이다.

1998년, 필자는 석사과정 중 재미있는 해외 논문을 한 편 읽었다. 그 당시는 월드와이드웹이 국내에 막 보급되기 시작하면서 본격적인 웹을 통한 전자상거래가 태동하던 시기였다. 국내에서는 인터넷이 보급시기였지만 미국에서는 이미 인터넷상의 전자상거래에 대한 흥미로운 연구가 쏟아지고 있었다. 그 중 Liang(1998)은 꽃, 전자레인지, 신발 등 5개의 상품속성이 각기 다른 아이템을 대상으로 인터넷에서 고객이 구매를 선호하는 상품을 측정하였다. 오프라인에서도 판매하는 것이지만 비용우위(거래비용이론)에 따라서 각기 다른 상품속성을 갖는 어느 아이템이 인터넷에 보다 적합 하느냐를 알아보는 것이었다. 예를 들어, 꽃은 신선도와 상품유지기간이 짧고 가격은 낮다. 반면, 전자레인지는 품질이 표준화되어 있으며 가격이 비교적 비싸고 구매빈도가 낮다. 이러한 상품이 갖는 속성에 따라서 보다 인터넷에서 판매하기 좋은 상품을 제시하고 각 상품별로 판매 전략을 분석하였다.

현재처럼 거의 대부분의 상품이 인터넷에서 판매되는 시점에서는 그리 흥미로운 연구가 아닐 수도 있지만 직접 신고 입어봐야 하는 신발과 의류 등을 어떻게 인터넷에서도 판매할 수 있을까 하는 것이 그 당시 이비즈니스에서는 대단히 중요한 관심사였다.

우리들이 현재 인터넷에서 구매하는 상품에는 디지털상품이라는 것이 있다. MP3나 S/W, 또는 게임아이템을 예로 들면 이해하기 쉬울 것이다. 컴퓨터나 정보기기를 통해서만 사용할 수 있고 주로 인터넷에서 구매하게 된다. 한번 생산되면 대량생산과 변환이 용이하고 영구보전이 가능하다. 대체로 컨텐츠와 정보를 중심으로 하지만 고객에게 경험을 제공하는 서비스재적 성격도 강하다. 이처럼 디지털 상품은 모두 비슷한 성질을 갖지만 다양한 형태로 판매되고 있고 그 스펙트럼은 점차 넓어지고 있다.

이런 디지털 상품을 Liang의 연구에서와 같이 속성별로 분류해 볼 수는 없을까? 또 속성별로 분류가 가능하다면 그에 따른 고객의 구매의도 또는 구매선호를 알 수 있지 않을까? 라는 호기심에서 본 연구는 시작되었다. 최근 디지털상품 시장의 성장률은 높지만 아직 오프라인 상품에 비하면 도입기로 보아야 옳다. 한참 성장해야 하는 시장이라는 의미이며 잠재력을 가진 시장이란 이야기이다. 연구대상으로는 무척 유혹적인 분야가 아닐 수 없다.

이 글을 읽는 독자들에게는 이 책이 1998년, 필자가 Liang의 논문을 보면서 경험했던 것처럼 흥미로운 연구보고서가 되길 바라며, 또 다른 연구를 위한 충실한 씨앗이 되길 바란다. 아울러 부족한 논문임에도 흔쾌히 출간을 결정해주신 ㈜한국학술정보에 감사의 말씀을 드리고, 처음부터 끝까지 출간을 위해 도와주신 ㈜한국학술정보의 김근영 선생님에게도 특별히 고마운 마음을 전한다.

끝으로 어릴 때 직접 글 읽고 쓰는 것을 가르쳐주시며, 지금의 제가 있도록 해주신 사랑하는 나의 어머니에게 이 책을 바친다.

율천동 작은 연구실에서
저자 채영일

제1장 서 론

제1장 서 론

제1절 문제의 제기

최근의 인터넷은 학계의 연구대상일 뿐만 아니라 기업과 정부의 경쟁력제고를 위한 수단으로서 그리고 개인의 풍요로운 삶의 증진을 위하여 없어서는 안 될 중요한 생활의 일부가 되어 가고 있다. 월드와이드웹이 탄생한 지 10년도 채 안 되는 기간 동안 텔레비전과 라디오 등 방송미디어의 보급보다도 더욱 급속하게 이루어지고 있는 이러한 인터넷이라는 매체의 위력은 그야말로 막대하다고 할 수 있다. 더욱이 국내 인터넷의 활용 성장세는 괄목할 만하다. 1993년 61개에 불과하던 .kr 도메인 숫자는 2001년 말 현재 457,450개로 세계 5위권의 국가 도메인 보유국이 될 만큼 급속하게 확대되었다. 또한 통계청이 발표한 2001년 말 자료에서의 2000년도 우리나라 인터넷사용자 인구는 인구 100당 40.5명으로 OECD국가 중 5위로 나타났으며, 2003년 4월 현재 2473만 명 이상 인터넷을 사용한다는 보고가 있다(디지털타임즈, 2003). 사용자뿐만 아니라 인터넷 이용 인구의 직종별 분포는 점차 학생 중심에서 직장인들, 즉 구매력을 갖춘 계층으로 그 중심이 이동하고 있다(김진우, 1999: 한국전산원, 2002: KNP, 2002).

인터넷 사용자 인구의 3000만 명 시대가 도래하고 이 새로운 환경에서의 비즈니스는 경제와 사회에 대한 기술적, 문화적 코드의 변화와 이동을 가져오고 있으며 오늘날 기업의 운영방식과 거래방식에도 적지 않은 영향을 미치고 있다(Riggins et al., 1998). 이러한 기업 환경의 이동을 이끄는 원동력은 다름 아닌 인터넷이라는 매체가 가지는 영향력 때문이다. 인터넷은 사이버 비즈니스를 통한 전통적 시장의 보완과 새로운 시장의 확대를 가져다주고 수많은 공급자와 수요자들의 새로운 상품을 창출하기도 한다(이재규, 1999). 인터넷으로 인해 창출된 시장은 과거 전통적인 시장에서 발생하기도 하지만 아예 새로운 시장을 만들어 가기도 한다(Rayport, 1995: Evans, 1997).

이러한 환경을 조성한 기술적인 이유는 IT기술의 발전과 하드웨어 가격의 하락으로 일반인들의 컴퓨터와 네트워크에 접근할 수 있는 좋은 조건을 제공하였다는 것이다. 보수적인 성향의 고객들도 매력적인 인터넷이라는 매체를 통해서는 지갑을 열고 있으며 오프라인에서 구매할 수 있었던 상품들을 인터넷을 통해 구매가 가능해지면서 자연스럽게 인터넷 쇼핑구매 경험자들도 늘어가고 있다. 고객과 기업 간에 일대일로 이루어지는 커뮤니케이션, 자세한 상품에 대한 안내, 손쉬운 지불시스템, 편리한 택배체계 등은 오프라인 시장이 가지고 있는 시간적, 지역적 한계를 극복하는 것뿐만 아니라 인터넷 매체가 고객들의 기대를 받고 있는 이유이기도 하다. 그러나 최근에는 닷컴(.COM)기업의 붕괴와 함께 이들 인터넷기반 닷컴기업들의 수익모델에 대한 논의도 활발하게 이루어지고 있다. 2000년을 폭발적인 성장을 이룩하던 인터넷기반 기업들은 주가하락과 함께 참담한 고배를 마시게 되었기 때문이다. "닷컴기업의 거품"이라고 말하는 미래수익에 대한 불안감을 느끼던 투자자들은 인터넷 매체를 근간으로 하는 인터넷기반 기업들의 현재 열악한 수익성에 차디찬 시선을 보냈다. 실제로 몇 개의 인터넷 기업을 제외하고는 광고게재와 쇼핑몰을 통한 수익만으로 유지되는 기업을 어렵지 않게 찾아볼 수 있다.

이에 따라 e-비즈니스를 수행하는 기업들은 수익창출을 위하여 새로운 상품과 서비스를 개발하려는 노력을 경주하였고 또한 인터넷에 적합한 상품과 서비스를 찾으려 연구하고 있다. 그러한 기업들의 노력의 산물 중 하나가 바로 본 연구에서 다루고자 하는 디지털 상품(Digital Goods)이다.

디지털 상품은 생산, 유통, 소비가 모두 네트워크 또는 정보처리기기에서 이루어지므로 반대되는 개념인 물리적인 상품(Physical Goods)보다 인터넷에 훨씬 유리하게 적용시킬 수 있다. 흔히 알려진 디지털 상품으로 디지털카메라, MP3플레이어, DVD플레이어를 언급하고는 한다. 그러나 이러한 디지털 상품은 디지털을 다루는 상품은 맞지만 광의의 의미로서의 물리적인 상품에 포함되며, 좀더 엄격하게 디지털 상품(Digital Goods)을 구분하면 디지털 제품(Digital Product to using Digital Manufactured Product)과 디지털 상품(Digital Manufactured Product)으로 나뉠 수 있다. 앞서 예를 든 디지털카메라, MP3플레이어, DVD플레이어는 디지털 제품에 속한다. 하지만 일반에서는 모두 포함하여 디지털 상품으로 분류한다. 그러나 이것은 의미가 혼동되어 사용되는 것이다. 정확하게 디지털 제품은 디지털 상품과 구분된다. 디지털 제품은 물리적인 상품에 속하는 것이 옳으며 반면, 디지털 상품은 경험적인 속성이 강한 경험재로서 정보처리기기를 통해서만 상품의 이용이 가능하다(김진우, 1999). 따라서 정보처리기기를 통하지 않고는 만지거나 볼 수 없으며 이용하지도 못한다. 그런 면에서 디지털카메라, MP3플레이어 등은 디지털 상품으로는 불리지만 그 자체가 정보처리기기이기도 하며, 만지거나 볼 수 있으며 즉시 이용할 수 있다. 그러므로 "디지털 상품"이라는 용어보다는 물리적인 상품으로서 구분한 "디지털 제품"이라는 용어가 적합하다.

본 연구에서는 디지털 제품이 아닌 디지털 상품에 대한 연구를 주제로 하고 있다. 이 디지털 상품은 앞서 기술한 바와 같이 물리적인 상품보다 네트워크에 적용시키기 쉬우며 생산과 유통, 그리고 소비까지 모두 인터넷상에서 이루어질 수 있다. 이러한 디지털 상품의 예로는 소프트웨어, MP3, E-book, 정보서비스, 온라인 게임 등을 들 수 있다. 모두 컴퓨터와 같은 정보처리기기를 기반으로 하고 있으며 인터넷을 이용하거나 이와는 달리 오프라인에서도 이용 가능한 상품도 있다. 생산자는 원천기술이나 아이디어를 갖고 인터넷상에 서버를 구축하여 고객에게 접근할 수 있다. 유통은 네트워크를 통해 고객에게 다운로드 되며 이 과정에서 생산자 측에 요금이 전달된다. 또는 서버에 고객이 접속하여 생산자가 제공하는 서비스를 이용하는 과정에서 요금이 부과되는 유통방식도 있다.

이와 같이 현재는 인터넷이라는 매체를 배경으로 탄생하는 새로운 상품이 등장하고 있다.

때문에 아직까지 미진한 디지털 상품에 대한 연구가 활발하게 필요한 시점이며 이 같은 연구는 기업의 인터넷 비즈니스에 대한 시장접근을 활성화시키고 아울러 인터넷을 활용하는 기업들의 새로운 시장개척을 위한 기초 자료로서 제공될 것이라 생각한다.

제2절 연구의 목적

1990년대 중반, 인터넷이 일반에 보급되면서 비즈니스에서는 웹에 대한 관심뿐만 아니라 웹사이트에 적합한 상품을 찾으려는 노력이 활발하게 일어났다. 인터넷이라는 매체가 가지는 특징적인 성격과 구매자의 반응행동이 새로운 상거래의 시장창출과정에서 필수적인 연구과제가 되었기 때문이다. 이러한 인터넷 시장에 대한 연구는 크게 두 가지 연구방향이 존재하는데 하나는 인터넷의 사용자에 대한 연구이며, 다른 하나는 인터넷의 사용자들이 구매하는 인터넷의 상품에 대한 연구이다(Michael et al., 1997). 이 중 후자에 속하는 기존의 연구들에서 나타난 변화들은 상품이 인터넷이라는 매체의 특수성에 기인하여 고객반응을 이끌어 낸다는 것이다. 현실세계의 구매과정에서 일어날 수 있는 고객행동변수를 가능한 한 많이 제거한 상품이 웹에 빠른 적응을 나타내는 것을 발견했다(Linang, 1998). 다시 말하면 고객의 편의성과 안전성이 최대한 확보되는 상품이 웹상에서 고객수용성이 높은 것으로 나타났다. 그러나 현재 웹상에서 판매되는 상품의 종류는 물리적 상품뿐만 아니라 디지털 상품 등으로 그 상품의 스펙트럼을 점차 확장해 나가고 있으며 고객들 또한 요구하는 모든 상품을 웹상에서 구매하고자 한다. 또한 인터넷을 활용하여 쾌적하게 상품을 구매할 수 있는 여건(초고속 인터넷의 보급, 전자상거래 시장의 확대 등)이 마련되어 가고 있다는 것도 상품판매 시장으로서의 인터넷 매체의 존재를 더욱 관심을 갖게 한다(한국전산원, 2002). 이와 함께 인터넷을 통한 상거래에서 발생할 수 있는 제약(보안, 상품 유형성의 표현가능 등)도 기술적인 혁신에 의해 극복되어 가고 있다.

본 연구에서는 이러한 다양한 상품이 인터넷이라는 독특한 매체에 적합한지를 검증하는 기존 연구들의 연장선상에 있다고 말할 수 있다. 전통적인 시장에서 판매하던 물리적인 상품들 중에서 인터넷 매체에 좀더 적합한 상품이 있는지를 검증하는 연구는 마케팅 분야에서 활발하게 있어왔다. 그러나 앞서 기술한 바와 같이 인터넷상 거래가 확대되면서 판매하는 상품의 스펙트럼도 넓어지고 있으며 인터넷 시장 내에서 전혀 새로운 상품도 출현하게 되었다. 디지털 형태로 제작되어 유통되고 소비되는 디지털 상품은 인터넷이라는 매체를 통해서 급속하게 확대되고 있으며 앞으로의 성장속도 또한 가파르게 상승할 것으로 보고되고 있다(한국전산원, 2000).

본 연구에서는 디지털 상품은 물리적인 상품과는 달리 대부분의 디지털 상품의 속성이 비슷하여 구분하기 어렵고 당연히 인터넷에 적합할 것이라고 인식하고 있기 때문에 우선 디지털 상품의 속성을 분류하여 정의하고 속성별 디지털 상품에 따른 인터넷 매체의 고객 수용성을 찾고자 하였다. 즉 인터넷상에서 거래되는 디지털 상품은 속성별로 나눌 수 있는지, 그리고 상품의 어떠한 속성에 따라서 고객이 선택 또는 수용하며(Farrena Sultan et al, 2000), 수용하는 요인에는 어떠한 것이 있는지를 구체적으로 증명하고자 하였다. 또한 디지털 상품을 수용하는 이유가 무엇인지도 속성별로 측정하고자 하였다.

제3절 연구방법 및 구성체계

본 연구는 앞 절에서 기술한 연구목적을 수행하기 위해서 디지털 상품의 속성별 고객수용모형에 대한 선행연구를 고찰하고 디지털 상품의 이론적 개념과 디지털 상품에 대한 고객수용의 개념을 정립하여 '디지털 상품에 대한 속성별 고객수용모델'(Customer Acceptance Model for Web Based Digital Products as The Property)을 개발하여 실증적으로 분석하고자 하였다.

본 연구에서 연구방법의 주요한 관점은 디지털 상품을 컴퓨터, 인터넷, 전자우편처럼 정보기술의 한 부분으로 인식하는 것이다. 이를 소비하는 소비자가 정보기술을 자발적으로 수용하는 것에 의해서 상품별 속성에 따른 구매 또는 수용이 다를 것이라고 보는 데 있다. 이를 위해 본 연구에서는 정보기술을 수용하는 사용자의 기술수용의도를 설명하는 TAM(Technology Acceptance Model)을 기본 모델로 사용하였다. 사용자 특성, 시스템 특성과 과업특성, 그리고 조직특성으로 구성된 TAM을 응용해서 상품의 특성과 이용자의 특성, 그리고 시스템 특성의 독립변수를 구성하여 속성별 디지털 상품의 고객수용에 어떠한 영향을 미치는지를 측정하고자 하였다.

연구의 특성상 인터넷을 통한 온라인 설문을 실시하였고 설문을 통해 수집된 자료는 SPSS 10.0K와 AMOS 4.0 통계 패키지를 활용하여 분석을 수행하였다.

본 연구는 전체 6장으로 구성되어 있으며, 학술적 연구논문이 갖추어야 할 일반적인 구조를 갖춘 형태로 구성하였다.

제1장에서는 본 연구의 문제 제기와 목적 그리고 연구방법 및 구성체계를 기술하고 있다. 인터넷을 활용하는 기업들이 많아지고 더불어 사용자 요구의 확대가 상품에 대한 스펙트럼을 넓혀주었으며, 인터넷 시장의 규모가 커짐에 따라 이러한 분야에 대한 연구가 많이 나오고 있지만 대부분 물리적인 상품이 대상이었다. 따라서 이 장에서는 상품이 갖는 다양성만큼 연구의 다양성을 넓히려는 목적을 제시하였다. 그 대상을 디지털 상품으로 확장하였으며 물리적인 상품에 대한 비교대상이 아닌 디지털 상품 자체에 관한 실증적 분석이다.

제2장에서는 전자상거래와 디지털 상품에 관한 이론적 부분으로서 전자상거래에 대한 기존 연구들을 토대로 개념을 정립하였다. 또한 전자상거래에서 유통되는 상품인 물리적 상품과 디지털 상품과의 선행연구를 살펴봄으로써 기존 연구들에서의 성과를 정리하여 본 연구를 위한 개념적 틀을 마련하고자 하였다.

제3장에서는 인터넷에서 거래되는 디지털 상품의 특성과 고객행동에 관한 이론적 부분으로서 거래매체로서 인터넷에 대한 기업과 고객의 인식 및 지각에 대한 기존 연구를 고찰하였다. 인터넷은 시장으로서 기존의 전통적인 시장과 비교하여 독특한 특징이 있으며 이를 이용하는 고객들도 전통적인 상거래에서의 고객과는 상이한 차이를 보이고 있다. 따라서 이러한 현황정립을 통해 본 연구를 위한 이론적인 배경을 제시하였다.

제4장에서는 본 연구의 연구모형인 개념적 틀(conceptual frame-work)과 선행연구를 배경으로 가설을 설정한 이후, 연구방법으로서 측정항목(item)의 변수에 대한 조작적 정의(operational definition)를 제시하였다.

제5장은 결과 분석 및 가설 검정을 위한 부분이며 설문지의 설문항목을 위한 문항개발과 자료모집의 절차를 안내하고 결과를 해석하여 이에 대한 시사점을 제시하였다.

마지막으로 제6장에서는 본 연구의 결과를 종합적으로 정리하고 연구 성과가 실제 기업 및 학계에서 활용될 수 있도록 그에 대한 방안을 제시하고자 하였다. 그리고 끝으로 본 연구가 지니고 있는 한계와 향후 연구에 대한 방향을 설정하여 이후 연구에 도움이 되고자 하였다.

서론	
문제 제기　　　　　연구목적	구성 체계

전자상거래와 디지털 상품에 관한 이론적 배경	
전자상거래의 개념 및 체계	디지털 상품의 개념 및 분류

인터넷상거래의 특성 및 고객 행동의 이론적 배경	
인터넷상거래의 특성 및 정의	인터넷상거래에서의 고객행동

연구 모형 및 연구 가설		
연구모형의 개발	연구 가설	변수의 조작적 정의

결과 분석 및 가설 검정	
자료수집 및 표본 기술통계량 및 경로분석	타당성 및 신뢰성 분석 가설의 검정

결론 및 제언	
연구의 요약 및 시사점	연구의 한계 및 향후 연구방향

▌그림 1-1 연구의 체계

제2장 전자상거래와 디지털 상품에 관한 이론적 배경

제2장 전자상거래와 디지털 상품에 관한 이론적 배경

제1절 전자상거래의 개념 및 체계

1. 전자상거래의 개념과 정의

컴퓨터와 네트워크의 보급이 늘어나면서 인간의 활동 영역은 더이상 현실세계에 국한되지 않고 가상의 공간으로까지 나아가고 있다. 이러한 가상의 공간에서는 당사자가 직접 만나서 상품을 건네주고 대금을 지불하던 전통적인 거래방식과는 달리, 구매자와 공급자가 상품의 구매와 결제에 따르는 정보를 전달하는 것으로 이루어지는 거래방식이 탄생하였다. 이처럼 사이버상에서 이루어지는 거래는 디지털 문서화되어 주고받는 정보에 의해서 이루어진다. 이를 전자거래(Electronic Transaction)라고 한다(고상룡 외, 1998). 전자상거래(Electronic Commerce)라고도 부르는 이 개념은 어느 범위까지를 전자상거래로 포함시키느냐에 따라서 여러 가지의 견해가 있다. 그 중 하나를 살펴보면 UN의 국제무역법위원회(UNCITRAL)가 각국의 전자상거래법 제정의 기초를 제공하기 위하여 1996년 작성한 전자상거래 모델법에서 제시한 권고안에서는 "데이터 메시지 형태의 정보가 상행위에 이용될 경우"를 전자상거래라고 정의하고 있다. 좀 더 명확한 정의를 들어보면, 대한민국 산업자원부에서 1998년에 발표한 전자상거래 기본법에서 전자상거래란 "재화와 용역의 거래에 있어 그 전부 또는 일부가 전자문서교환 등 전자적 방식에 의해 처리되는 거래"를 말한다고 하였다. 따라서 종합적으로 정리해 보면 전자상거래는 "네트워크를 통해서 기업과 소비자 간, 또는 기업 간의 상거래 활동을 수행하는 것으로 상거래에 필요한 모든 프로세스를 전자적으로 수행하는 것"을 의미한다(Kalakota and Whinston, 1996). 이와 함께 기술의 발전, 사회 문화의 차이로 인해 전자상거래는 사회적인 합의 또는 거래 당사자 간의 합의가 이루어져야 하기에 관점에 따라서 여러 가지로 구분하여 정의하기도 한다(Kalakota and Whinston, 1997).

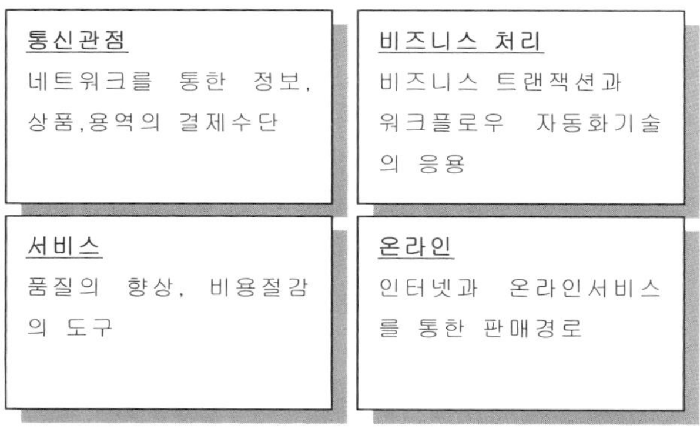

▌ 그림 2-1 전자상거래의 분류

전자상거래라는 용어는 1989년 미국의 Lawrence Livermre National Laboratory에서 사용된 후 1993년 미국 연방정부가 도입하면서 확산되었다(AOMEA, 1994). 1960년대부터 컴퓨터 네트워크와 인터넷이 폭넓게 인식되고 EDI를 통한 사업 영역의 확대가 전자무역으로까지 이어지면서 자연스럽게 출현하게 되었다. 따라서 이러한 전자상거래가 출현하게 된 것은 최근의 일이며 전자상거래가 기업의 정보기술전략에 의해 기업 간의 문서처리의 수단인 EDI 기술의 확대를 통하여 주목받게 되었다. 전자상거래의 등장으로 기업은 이를 통해 비용의 절감, 품질개선, 시장의 확대, 기업프로세스의 혁신을 가져오는 혁신적인 방식이라고 판단하기 쉬우나 탐색의 어려움, 상품규격의 비표준화, 안전한 대금지불방식의 미비, 물류배송 체계의 구축 등 성공을 위한 요건도 충분히 마련되어 있어야만 한다(이재규, 1999; 채영일, 1999).

■ 표 2-1 전자상거래의 다양한 정의

정의 주체	정의
국제무역법 위원회 (UNCITRAL, 1996)	데이터 메시지 형태의 정보를 통한 상거래 행위
유럽 ESPRIT (1996)	물리적 교환 또는 직접적인 물리적 접촉보다는 전자적으로 상호 작용하는 사업거래 유형
ECOM(1996)	여러 종류의 네트워크를 이용하여 제품 설계, 제고, 광고, 상업적인 거래, 회계정산 등을 포함하는 다양한 활동을 수행하는 방식
Kalakota and Whisnton(1996)	네트워크를 통한 상품의 구매와 판매
EITO(1997)	통신 네트워크를 통해서 가치의 교환이 발생하는 기업 활동을 수행하는 방식
Esprit Project(1997)	거래가 당사자 간의 물리적인 접촉이나 교환이 아닌 전자적인 방식으로 이루어지는 상거래
ECnet(1997)	전자상거래는 단위 기업의 영역을 확대시키고 컴퓨터에서 컴퓨터 간의 자료교환에 크게 의존한다.
국제EDI위원회 (1997)	한 컴퓨터 응용프로그램에서 다른 컴퓨터 응용프로그램 간에 전자적인 수단에 의하여 승인된 표준에 의하여 이루어지는 구조화된 데이터의 전송
OECD(1997)	개인과 조직 모두를 포함해서 텍스트, 음성, 화상을 포함한 디지털 데이터의 처리와 전송에 기초한 상업 활동과 관련된 모든 거래
Europeon Commision(1997)	텍스트, 음성, 화상 등을 포함한 디지털 데이터의 전자적인 처리와 전송을 기반으로 기업의 업무를 전자적으로 수행하는 방식
산업자원부 전자상거래 기본법(1998)	재화나 용역의 거래에 있어 그 전부 또는 일부가 '전자문서'에 의해서 처리되는 거래

* 강현석(2001)의 표를 재구성

전자상거래는 단순하게 물품을 사고파는 형태의 서비스가 아니라 상품이나 서비스를 위해 수요를 창출하고 판매지원이나 고객서비스를 제공하거나, 거래 당사자 간의 편의를 제공하며 수익창출을 지원하는 거래를 포함하는 일련의 시스템이다(David, 1997). 그러므로 이 시스템을 활용하는 구성요소들은 서로 상승효과를 얻을 수 있으며 기업뿐만 아니라 사회, 경제적 하부구조를 변화시키기도 한다(Adam et al., 1997). 전자상거래는 특성에 따라 아래 표와 같이 분류하기도 하지만 일반적으로 거래 주체에 따라 분류한다(심종석 외, 2000).

■ 표 2-2 특성에 따른 전자상거래의 분류

분 류	의 미
EC(Electronic Commerce)	전자상거래
EDI(Electronic Data Interchange)	전자문서교환
CALS(Commerce At Light Speed)	광속거래
MC(Mobile Commerce)	이동 간 전자상거래

거래 주체에 따른 분류는 거래당사자를 기업과 개인, 그리고 정부로 두어 상호 간의 계약적인 관계를 나타내고 있는 것이다. 형태에 따라서 아래와 같이 나눈다(Menasce et al., 2000).

① 기업과 개인 간의 전자상거래(Business to Customer; B 2 C)
② 개인과 개인 간의 전자상거래(Customer to Customer; C 2 C)
③ 기업과 기업 간의 전자상거래(Business to Business; B 2 B)
④ 정부와 기업 간의 전자상거래(Government to Business; G 2 B)

⑤ 정부와 개인 간의 전자상거래(Government to Customer : G 2 C)

기업과 개인 간의 전자상거래(B 2 C)는 아직 기업과 기업 간의 전자상거래(B 2 B)에 비하여 미성숙한 상태이지만 그 성장속도 대단히 빠르게 나타나고 있다. 유형은 온라인 소매에서 금융서비스를 포괄하는 대단히 광범위한 상업적 형태를 띠고 있다. 개인과 개인 간의 전자상거래(C 2 C)는 일반적으로 경매 분야에서 이루어진다. 대체로 중고물품이나 지역신문에서 볼 수 있는 상품들이 개인들 간에 거래를 형성한다. 기업과 기업 간의 전자상거래(B 2 B)는 부가가치통신망을 활용하여 이미 수년 전부터 활용되어 왔으며 전자상거래에서 가장 활성화되어 있는 분야이다. 그리고 마지막으로 정부와 개인 또는 기업 간의 전자상거래(G 2 C 또는 G 2 B)는 조달업무와 세금납부를 목적으로 하고 있다.

제2절 디지털 상품의 개념 및 체계

1. 디지털 상품의 개념과 정의

기존의 연구에서 디지털 상품(Digital Goods)은 일반적으로 물리적인 상품(Physical Goods)과의 비교대상으로 등장한다. 실제로 인터넷에서 거래되는 상품은 물리적인 상품과 디지털 상품으로 나누어 볼 수 있다(Benjamin, 1995). 디지털 상품은 무형의 정보와 지식의 창출과 활용이 가능한 형태로서 소프트웨어, 부가가치 정보, e-Book,

MP3, 온라인 게임처럼 물리적인 형태를 취하고 있지 않으며 디지털화하여 생산, 유통, 소비될 수 있는 상품으로 볼 수 있다(Varian, 1995; Bakos et. al., 1997; 김진우, 1999). 또한 한번 생산되면 영구히 그 형태와 품질을 유지할 수 있다(Shapiro, 1998).

디지털 상품은 일종의 정보재(Information Goods)로서 "디지털화될 수 있는 모든 것"을 의미한다(Varian, 1998). 디지털 상품은 이러한 정보재이기 때문에 갖는 특징이 있으며 다음의 〈표 2-3〉과 같다.

▌표 2-3 디지털 상품의 특징

특 징	내 용
공공재 (Public Goods)	재화의 성격상 비경합성을 가짐으로써 소비하는 상품이 다른 사람에게 아무런 영향을 미치지 않음
규모의 경제 (Economic of Scale)	생산량이 증가할수록 평균비용이 감소하는 규모의 경제특성을 지님
파괴불가능성 (Indestroctibility)	한번 생산되면 영원히 존재함(내구재적인 성격을 가짐)
재생산성 (Reproducibility)	규모의 경제와 관련되어 두 번째 생산물부터는 단위생산이 매우 용이해짐
불투명성 (Opaqueness)	경험재(experience Goods)적인 성격을 지녀서 사용해 보기 전에는 가치를 판단하기 어려움
변환용이성 (Transmutability)	수정 또는 보완이 매우 용이함

* 김창수 외(1999), 발췌 재구성

또한 디지털 상품은 고객맞춤화(customization)된 상품과 서비스를 신속하게 제공할 수 있어서 소비자만족을 높일 수 있으며 정보기술을 통하여 지식을 상품화시킬 수 있기 때문에 수익을 창출하는 무형의 자산이 된다(El et al., 1997; Fishburn et al., 1997; Davenport et al., 1998; El et al., 1999; Ba et al., 2001). 그리고 재생산비용, 복제비용과 유통비용이 거의 제로에 가까워서 상품가격을 낮출 수 있고, 고객의 욕구에 맞추어 개인화(personalization), 맞춤화(customization)될 수 있어서 소비자가 인식하는 상품의 가치에 의해 높은 부가가치를 갖는다(McCarthy, 1981). 이러한 디지털 상품은 물리적 상품과 분명한 차이를 보이고 있으며 Michael Porter(1985)가 제시한 전통적인 가치사슬과는 다른 가치사슬을 가진다. 이흥복(2001)의 연구에 따르면 디지털 상품의 라이프사이클은 디지털화될 수 있는 10개의 다른 국면으로 이루어진다.

① 전자상거래 기획, ② 컨셉, ③ 컨텐츠 기획/창출, ④ 디지털 획득, ⑤ 제작, ⑥ 상품/서비스, ⑦ 전자상거래 정책, ⑧ Repositary, ⑨ 전자적 유통, ⑩ 전자적 시장.

이흥복(2001)이 제시한 디지털 상품의 라이프사이클은 기업의 가치 네트워크에 관한 것으로 디지털 사업 환경은 디지털 개념을 창출, 마케팅, 판매, 및 유통하는 것을 의미하기 때문에 전통적 기업 환경과 다르다고 주장하였다.

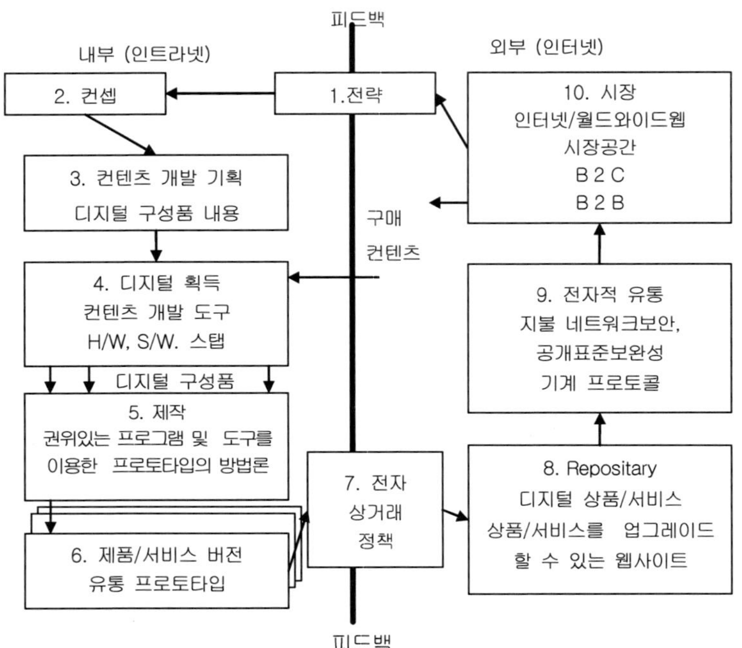

* 이흥복 외(2001), 발췌

▮ 그림 2-2 디지털 상품의 사이클

이와 같이 디지털 상품은 생산, 유통, 소비가 모두 네트워크 또는 정보처리기기에서 이루어지므로 반대되는 개념인 물리적인 상품(Physical Goods)보다 인터넷에 더욱 유리하게 적용시킬 수 있다. 지금은 물리적인 상품에 비하여 시장규모가 훨씬 작지만 디지털 경제 환경이 이루어지고 있는 e-비즈니스에서는 디지털 상품의 거래가 보다 활발하게 이루어질 것으로 예측하고 있다(김진우, 1999).

흔히 알려진 디지털 상품으로 디지털카메라, MP3플레이어,

DVD플레이어를 언급한다. 그러나 이러한 디지털 상품은 디지털 상품으로 불리지만 광의의 의미로서의 디지털 상품에 포함되며, 좀더 엄밀하게 디지털 상품(Digital Goods)을 구분하려면 디지털 제품(Digital Product to using Digital Manufactured Product)과 디지털 상품(Digital Manufactured Product)으로 나누어야 한다. 즉 본 연구에서는 상품과 제품이라는 단어로 구분하고자 한다. 그러나 대부분 일반에서는 모두 포함하여 디지털 상품으로 분류한다. 이것은 의미가 혼동되어 사용되는 것이다. 정확하게 디지털 제품은 디지털 상품과 구분되며 디지털 제품은 본래 물리적인 상품에 속하는 것이 옳다. 디지털 상품은 경험적인 속성이 강한 경험재로서 정보처리기기를 통해서만 상품의 이용이 가능하다(김진우, 1999). 따라서 정보처리기기를 통하지 않고는 만지거나 볼 수 없으며 이용하지도 못한다. 그런 속성에서 디지털카메라, MP3플레이어 등은 디지털 상품으로 불리지만 그 자체가 물리적인 상품이고 정보처리기기이기도 하며, 만지거나 볼 수 있고 부가적인 장치가 없이도 즉시 이용할 수 있다. 그러므로 디지털 상품(Digital Manufactured Product)이라는 용어보다는 디지털 제품(Digital Product to using Digital manufactured Product)이라는 용어가 적합하고 구분이 필요하다.

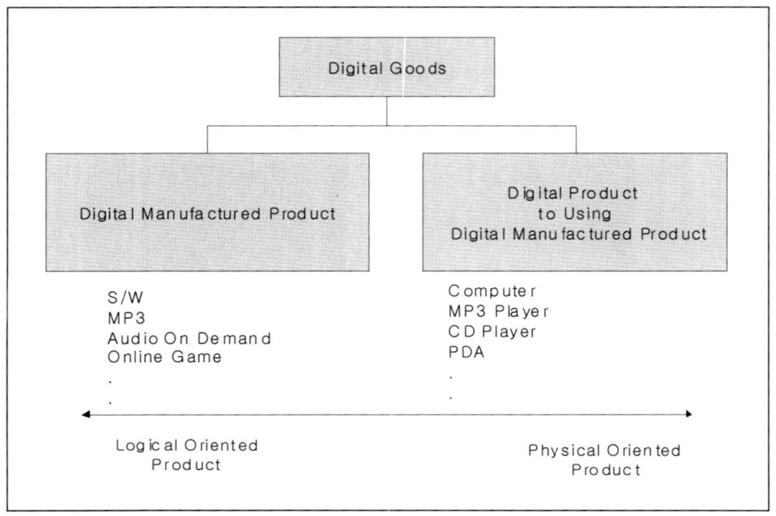

▌ 그림 2-3 디지털 상품과 디지털 제품의 구분

2. 디지털 상품의 종류와 구분

디지털 상품도 물리적인 상품처럼 다양한 형태로 존재하기 때문에 구분을 위한 기준에 따라서 여러 가지로 분류를 나누고 있다. 종류를 알아보기 전에 우선 디지털 상품과 물리적인 상품을 비교하여 디지털 상품이 갖는 속성을 알아보면 다음 〈표2-4〉와 같다.

■ 표 2-4 물리적 상품과 디지털 상품의 비교

특징	물리적 상품	디지털 상품
제조	원자재 가공	지적 기술 및 정보 가공
저장	다양한 형태로 저장	디지털 매체에 저장
유통채널	물리적 채널이용	네트워크 채널이용
소비자 이용	일상적 형태로 이용	전자매체를 통한 이용
A/S	물리적 형태의 유지보수	네트워크를 통한 유지보수
유형성	가능	실체가 없으며, 컴퓨터를 이용
내구성	복사, 이동, 시간에 의해 저하	영구적 보존가능
복사 가능성	상대적 어려움	매우 높음
변형 및 수정가능성	변형, 수정이 어려움	반복적 수정이 가능
생산비용	가변비용이 큼	초기 고정비용이 큼

위의 표와 같이 디지털 상품은 물리적인 상품과 달리 정보재, 경험재의 속성이 강하다(Varian, 1998). 이에 대해 유극렬(1999)은 정보재라는 것은 실제로 '디지털화되어 있는지'의 여부가 아니라, '디지털화될 수 있는지'의 여부로써 정보재를 정의한다고 하였다(김창수, 2000). 디지털 상품과 비슷한 개념으로 컨텐츠(contents)라는 것이 있다. 컨텐츠는 그림, 문자, 만화, 표시 등 여러 가지 표현방식을 빌어 제공되는 정보나 오락을 말하며 이는 지적 재산임을 의미한다(송민정, 1997). 디지털 상품은 대부분 컨텐츠의 개념에 가깝다. 또한 정보재, 경험재의 무형성(intangibility), 참여성(inseparability), 접근성(accessibility)의 특성으로 인해 서비스 상품으로 구분되기도 한다(조성의 외, 2002).

그러나 서비스 상품은 노동집약도가 높은 성질(labor intensiveness), 산출의 측정이 어렵다는 성질(difficulty in measuring

38

output)로 인해서 서비스 상품과도 구별된다. 다음의 〈표 2-5〉는 물리적인 상품의 구분 기준으로 분류를 한 것이다.

■ 표 2-5 디지털 상품의 물리적인 상품구분을 기준으로 한 분류

분류	S/W	MP3	E-Book	On-Game	V.O.D.	V.A. info
파일양식	doc, pdf등	mp3, wav등	pdf	다양	asf, asx 등	다양
가격	고가	저가	중가	저가	중가	고가
소유권 및 이용권한	제한된 소유권	제한된 소유권	제한된 소유권	이용권한 / 소유권부재	이용권한 / 소유권부재	이용권한/ 소유권부재
제조 및 가공유형	기업제조	개인제조 가능	개인제조 가능	기업제조	개인제조 가능	기업제조
유통	물리적 매체로도 가능	물리적 매체로도 가능	물리적 매체로도 가능	네트워크상에 서만	네트워크상에 서만	네트워크상에 서만
저장	가능	가능	가능	불가능	불가능	불가능
A/S	네트워크상	부재	부재	네트워크상	부재	네트워크

* 임신영 외(1999), 발췌 재구성

　물리적인 상품구분을 기준으로 할 경우, 대부분의 디지털 상품은 비슷한 상품으로 분류가 되며 각각의 디지털 상품이 갖는 상품 속성으로는 분류하기 힘들어진다. 그러므로 디지털 상품은 기존의 물리적인 상품 및 서비스 상품과는 다른 차원의 기준이 필요하며 이에 따라 본 연구에서는 디지털 상품에 대한 분류 기준을 제시하고자 한다.

　다음의 〈표 2-6〉에서 제시하고 있는 디지털 상품은 현재 인터넷에서 주로 거래되고 있는 디지털 상품을 나열한 것이다. 새로운 형태의 디지털 상품이 변형되어 추가되고는 있으나 본 연구에서는

현재 활발하게 거래되고 있는 디지털 상품의 형태만을 다루기로
하였다.

■ 표 2-6 연구에서 사용될 디지털 상품

디지털 상품	설 명
S/W	디지털 파일화되어 있는 소프트웨어 팩키지 상품
MP3	음악을 디지털 파일화하여 압축한 상품
e-Book	일반 책을 컴퓨터, PDA 등의 정보처리기기에서 읽을 수 있도록 만든 디지털화된 파일
원격 교육	인터넷으로 강의를 보며 교육받는 형태의 상품
의료진단 및 법률상담	인터넷을 통한 의료서비스 및 법률상담을 받는 상품
지도 및 증권정보	필요한 지역의 지도정보를 제공받는 상품
AOD & MOD*	실시간으로 원하는 음악과 영화를 제공받는 상품
티켓구매	인터넷을 이용하여 영화, 공연 등을 예매하는 상품
홈뱅킹 & 트레이딩	인터넷을 이용하여 금융거래를 제공받는 상품
온라인 게임	인터넷에 접속하여 게임을 하는 형태의 상품
아바타	인터넷상에서의 자신의 캐릭터를 꾸미는 데 필요한 아이템을 서비스 받는 상품
CPC**	핸드폰의 벨소리 및 통화연결음 등을 제공받는 서비스 상품

* AOD & MOD: Audio On Demend & Movie On Demend
** CPC: Cellular Phone Contents

일반적으로 디지털 상품의 거래는 인터넷에서 이루어지므로 인터넷상에서 거래되는 디지털 상품임을 전제로 하여 〈표 2-5〉의 디지털 상품에 대한 구분은 다음과 두 가지의 기준을 갖고 출발하였다.

- **네트워크 종속성**(또는 Server에 대한 종속성; network dependency)
- **경험과 소유에 대한 강도**(experience-property intensiveness)

첫 번째, 인터넷상에서 거래되는 디지털 상품은 온라인 상태에서만 구매 또는 이용할 수 있는 상품이 있다. 이러한 상품은 인터넷에 연결되어 있어야만 거래할 수 있으며 오프라인 상태에서는 구매 또는 이용이 불가능하다. 그러므로 본 연구에서는 인터넷에 접속을 유지하는 상태에서 거래되는지의 여부에 의해 '네트워크 종속성(서버에 대한 종속성; Network intensiveness)'이라고 정의하였다. 이에 따라 본 연구에서는 네트워크의 독립성이 강한 디지털 상품을 '다운로드(download)형'이라고 분류하였다.

두 번째, 디지털 상품은 서비스적인 속성이 강한 상품이다. 이러한 상품은 고객의 일회성 경험을 목적으로 하고 있으며 일회성 또는 반복되는 경험의 종류가 다른 상품이 거래되고 있다. 그러나 경험재의 속성이 강한 상품의 소유는 판매자에게 있으므로 구매자는 늘 판매자와 접촉해야 구매 또는 이용할 수 있다. 또는 반대로 경험재의 속성이 강한 디지털 상품의 소유를 구매자에게 제공하도록 생산된 상품도 있다. 따라서 경험을 목적으로 하는지, 소유를 목적으로 하는지에 따라서 구분하였다. 본 연구에서는 경험의 강도가 강한 상품, 즉 구매자가 소유를 하지 않고 단지 경험을 목적으로 네트워크에 종속되어 있는 디지털 상품을 '네트워크(Network)형'이라고 분류하였다.

세 번째, 두 가지의 구분 기준에 따르지 않는 디지털 상품도 존재한다. 즉 두 가지의 속성을 모두 갖고 있으며 강도의 우열을 가리기 어려운 상품을 말한다. 이러한 디지털 상품은 '하이브리드(hybrid)형'이라고 분류하여 구분하였다.

하지만 이러한 분류가 절대적인 것은 아니며, 디지털 상품의 속성상 모든 상품은 앞서 기술했던 디지털 상품의 속성을 갖고 있지만 연구의 편의상 그 상품의 속성이 갖는 강도를 기준으로 분류해 보았다. 이를 매트릭스로 표현하면 다음의 〈그림 2-4〉와 같다.

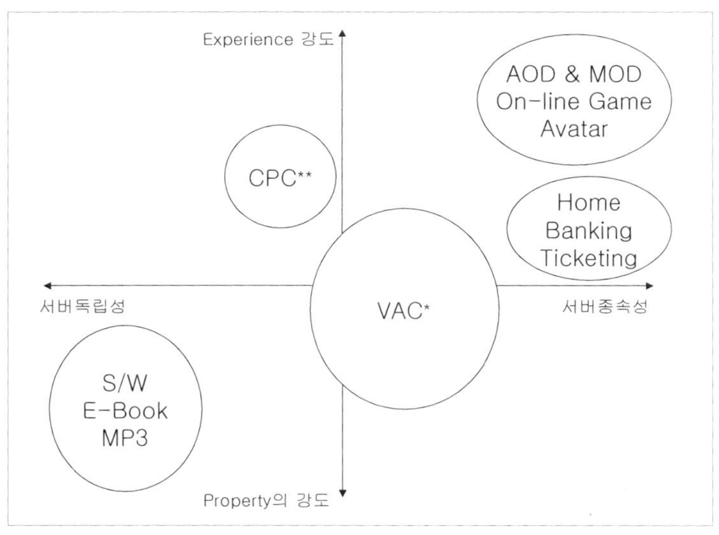

* VAC: Value Added Contents(지도, 원격진단 및 법률상담, 원격교육)
** CPC: Cellular Phone Contents

▌ 그림 2-4 디지털 상품의 속성별 구분 Ⅰ

위와 같은 구분 기준으로 분류하여 〈표 2-6〉에서 제시한 디지털 상품을 정리하여 볼 수 있다. 첫째, '다운로드형'에는 S/W, MP3, e-Book가 분류된다. S/W는 경험을 위한 상품이라기보다는 업무의 용도에 따라 그 목적이 달라지고 구매 후 대부분 소유를 구매자가 갖기 때문에 다운로드형 디지털 상품으로 분류하였다. MP3과 e-Book도 역시 소유를 구매자가 갖게 된다. 그리고 '네트워크형'에 는 AOD & MOD, 아바타, CPC, 티켓예매, 온라인 게임, Home Banking & Trading이 분류되며 네트워크형 디지털 상품은 상품의 구매 또는 이용을 위해서는 반드시 판매자에게 구매자가 접속해야 한다. 디지털 상품에 대한 소유를 판매자가 갖기 때문이다. 또한 소 유를 위한 구매가 아닌 경험(온라인 게임, 아바타 등) 또는 효익 (티켓예매, 홈뱅킹 등)을 얻으려는 것이 목적이다. '하이브리드형'에 는 원격교육, 원격진단 및 법률상담, 지도가 포함된다. 하이브리드 형 디지털 상품은 소유나 경험의 속성을 모두 갖추고 있는 상품이 다. 지도, 원격교육, 원격 의료진단 및 법률상담은 구매자의 의사에 따라 제공되는 상품을 소유 또는 경험할 수 있다. 이와 같이 분류 한 상품을 표로 정리하면 다음 〈표 2-7〉과 같다.

▌표 2-7 디지털 상품의 상품 속성별 구분

분류	다운로드형	하이브리드형	네트워크형
디지털 상품	S/W, MP3, e-Book	원격교육, 원격진단 및 법률상담, 지도	AOD & MOD, 아바타, 티켓예매, 온라인 게임, CPC, Home Banking & Trading
네트워크 독립성	많음	보통	적음
경험재성의 강도	상대적으로 적음	보통	상대적으로 많음
소유재성의 강도	상대적으로 많음	보통	상대적으로 적음

그러나 매트릭스상에서 네트워크 독립성과 종속성처럼 소유와 경험의 강도가 반대되는 개념이라고 하기에는 무리가 있으나 편의상 반대 방향을 취하고 있다. 따라서 다음과 같이 소유의 강도(property intensiveness), 경험의 강도(experience intensiveness), 네트워크 종속성(network dependency)이라는 세 가지의 기준으로 다음의 〈그림 2-5〉와 같이 구분하였다.

① 네트워크의 종속성(network dependency)

② 소유의 강도(property intensiveness)

③ 경험의 강도(experience intensiveness)

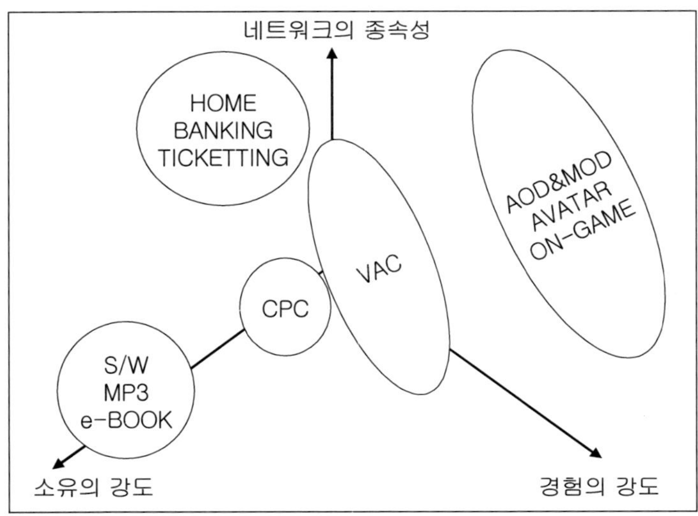

▌그림 2-5 디지털 상품의 속성별 구분 Ⅱ

그러나 이와 같은 분류에도 불구하고 디지털 상품의 속성을 모두 구체적으로 표현하지는 못한다. 이것은 디지털 상품이 갖는 유희성과 정보재적 성격 때문이다. 따라서 본 연구에서는 컨텐츠(정보의 내용)의 중요성이라는 기준을 추가하여 네 가지의 기준으로 다음의 〈그림 2-6〉과 같이 구분하였다.

① 컨텐츠의 중요성(contents importance)

② 네트워크 종속성(network dependency)

③ 경험의 강도(property intensiveness)

④ 소유의 강도(experience intensiveness)

■ 그림 2-6 디지털 상품의 속성별 구분 Ⅲ

　위의 분류 기준으로 사용한 매트릭스에서 각 속성들은 반대되는
개념은 아니지만 편의상 반대 방향을 취하고 있다. 따라서 본 연구
에서 사용한 매트릭스는 반대되는 개념이 아닌 각 방향을 통한 강
도만을 나타내고 있다는 것을 밝힌다. 기준을 많이 사용할수록 세
분화되어 구분할 수는 있으나 너무 많은 속성분류는 실증분석을
위한 기준으로 삼기에는 어려움이 있음으로 본 연구를 위한 실증
분석에는 〈표 2-7〉에서 사용한 디지털 상품의 속성별 구분을 사용
하도록 하였다. 하지만 〈그림 2-6〉과 같은 디지털 상품의 속성별
구분 기준도 향후 연구에서의 기초 자료로 사용될 수 있음으로 제
시하였다.

제3장 인터넷의 매체적 특성에 따른 고객행동에 관한 이론적 배경

제3장 인터넷의 매체적 특성에 따른 고객행동에 관한 이론적 배경

제1절 인터넷 매체의 특성 및 정의

1. 인터넷 매체의 특성

현재 다양한 용도로 사용하고 있는 인터넷은 원래 미소 냉전시대인 1963년, 미국 국방성이 핵공격으로부터도 정상적인 기능을 유지할 수 있는 통신망 구축방법에 대한 연구를 진행하면 시작되었다. ARPA(Advanced Research Project Agency)라고 불리는 연구원팀들 간의 정보와 자원의 공유를 위하여 1969년부터 ARPAnet이라는 통신망을 구축하였다(도준호 외, 1998). 불과 30여 년 만에 거듭하여 발전을 계속해오다 오늘날에 이르게 된 것이다. 인터넷의 특성을 정리해 보면 다음과 같다.

(1) 개방성

개방된 네트워크의 운영으로 자유로운 정보의 교환과 풍부한 데이터로 사용자가 확대되고 있다. 또한 개방된 기술표준을 채택하여 신기술 및 서비스가 출현하고 있다. 무엇보다도 이러한 개방성은 사용자의 급속한 증가와 이로 인한 가상시장(Cyber Market)의 출현을 가져왔다.

(2) 대면성

중간의 경로를 거치지 않고 정보의 교환을 원하는 대상끼리 직접 만날 수 있다. 하지만 이로 인해 불특정 다수에 대한 정보의 확산과 외부로부터의 수신이 가능하다.

(3) 경제성

접속을 가능하게 해 주는 요금을 ISP(Internet Service Provider)에게 제공하지만 네트워크에 대한 사용료 자체는 무료다. 이러한 이유로 전자우편, 인터넷폰, 인터넷 팩스 등의 부가서비스를 이용하여 통신비용이 절감된다.

(4) 쌍방향성

단방향 매체의 일방적인 서비스가 아니라 상호 작용이 가능한 쌍방향서비스가 가능하다.

▌표 3-1 인터넷의 발전과정

연도	주요 변화	연도	주요 변화
1969	* ARPAnet 탄생: 4대의 호스트컴퓨터 연결, 벨 연구소 UNIX개발	1989	* 100,000대의 호스트컴퓨터와의 연결
1970	* 컴퓨서브(Compuserve) 온라인서비스	1990	* T1급: 백본네트워크의 속도 1.5Mbps * T3급: 백본네트워크의 속도 45Mbps * 하나망의 인터넷연결
1972	* ARPAnet을 통한 첫 전자우편 전송	1991	* 미 행정부 인터넷을 기업에 공개 * WWW의 개발
1975	* Usenet * ARPAnet 4개 대학과의 연결	1992	* 1,000,000대의 호스트컴퓨터 연결 * Gopher의 출시
1983	* TCP/IP(ARPAnet의 NCP프로토콜을 TCP/IP로 전환) * 국내통신망 미국과 연결	1993	* Mosaic 개발: 일리노이대학
1984	* 순수 연구용 ARPAnet과 군사용 Milnet의 구분 * Progidy * 1000대의 호스트컴퓨터와 연결	1994	* 한국통신 KORnet 인터넷사용 서비스시작 * 데이콤천리안 인터넷상용서비스 시작
1985	* AOL * 데이콤 천리안 서비스개시	1995	* 선마이크로시스템 JAVA언어 * 미 국립재단 ANSNET을 AOL에 매각 * 하이텔 인터넷상용서비스 시작
1986	* 미 국립과학재단의 NSFnet 구축	1996	* 마이크로소프트사의 MSN
1987	* UUnet * 10,000대의 호스트컴퓨터와의 연결	2003	* 한국통신 및 하나로통신 50Mbps급 VDSL 상용서비스

* 산업자원부(2003), 발췌 재구성

이와 같은 특성들로 인하여 기존의 많은 연구들은 웹매체를 통한 고객행동에는 오프라인에서와는 다른 차이가 존재한다는 사실을 주장해왔다(김훈 외, 1998; 김성은, 1999; 채영일, 1999; 이건창, 2000; 윤성준, 2000; 안준모 외, 2001; 김효근 외, 2001). 이러한 연구에서 인터넷을 사용하여 상품을 구매하는 고객들에게 웹사이트의 기술적인 요소와 개인의 라이프스타일, 그리고 기업의 핵심적인 경쟁력 등이 영향을 미친다고 보고 이에 대한 기업의 전략을 주문해 왔다(채영일, 2001). 그러나 실제로 인터넷에서 상품의 현실표현성은 오프라인 쇼핑에 비하여 상당히 떨어지기 때문에 고객들의 구매의도가 높지 않다(Dennis, 1998). 그러므로 구매행위에 영향을 미치는 상품의 속성을 파악하여 구매의도를 높이려고 노력하였다. 구매행위가 높은 상품 속성을 정리하면 다음과 같다(오기석, 1999).

- 상품의 복잡성이 적은 상품
- 상품수명주기가 짧은 상품
- 이미 오프라인에서 상품 이미지와 명성이 높은 상품
- 가격이 비교적 낮은 상품

이에 따라 인터넷 매체의 특성을 배경으로 기업은 고객에 대한 접근방식을 오프라인과 달리하여 구매의도에 직간접으로 영향을 미치는 요인의 욕구를 충족시키려 하고 있다. 아래 〈표 3-2〉는 인터넷에 적합한 소매업의 상품 및 서비스를 분류한 것이다.

▌표 3-2 인터넷에 적합한 소매업의 상품 및 서비스

가격-구매빈도	무형-유형	상품
저가, 높은 구매빈도	유형, 물리적 가치	와인, 청량음료, 담배
		우유, 계란
	무형, 정보적 가치	온라인 뉴스, 잡지
		주가지수 정보
고가, 낮은 구매빈도	유형, 물리적 가치	오디오, 자동차
		귀금속
	무형, 정보적 가치	소프트웨어
		할부금융, 보험

* 오기석(1999), 발췌 재구성

제2절 인터넷 매체에서의 구매의도 및 수용에 관한 선행 연구

1. 인터넷쇼핑에서의 구매의도에 관한 선행연구

구매의도에 영향을 미치는 요인에 관한 기존의 연구는 대단히 다양하다. 이러한 구매요인의 가장 일반적인 형태는 상품에 대한 인식, 쇼핑경험, 고객대응 서비스, 구매에 의한 위험으로 나눈다(Javenpaa et al, 1997). 특히 Javenpaa et al.(1999)는 기존의 쇼핑과 마찬가지로 제품인식(Product Perception), 쇼핑경험(Shopping Experience), 고객서비스(Customer Service), 고객위험(Customer Risk)이 중요한 구매의도에 영향을 미치는 속성으로 제시하였다. Javenpaa는 Parasuraman(1985)이 제안한 서비스품질모델(SERVQAUL)

을 인터넷쇼핑의 품질구성요인으로 재구성하여 변형하였으며, 이후에도 일반적으로 인터넷쇼핑에서 구매행동에 영향을 미치는 요인을 살펴보는 모형으로 Parasuraman et al.(1985)이 주장한 서비스품질 모형을 변형하여 많이 사용하고 있다(오창규, 1998: 서영호 외, 1998: 김성언, 나선영, 1999: 김상용, 박성용, 1999; 나광윤, 1999: 안준모, 한상록, 1999: 김종기 외, 2000: 박기남, 2000). Parasuraman et al.(1985)이 주장한 5개의 서비스품질 결정요인은 다음의 〈표 3-3〉과 같다.

▎표 3-3 SERVQUAL 모델의 서비스품질 구성요인

결정요인	정 의
유형성	물리적 시설, 장비, 직원, 의사소통, 자료의 외양
신뢰성	약속한 서비스를 믿을 수 있고 정확하게 수행할 수 있는 능력
반응성	고객을 돕고 신속한 서비스를 제공하려는 태도
확신성	직원의 지식과 예절, 신뢰와 자신감을 전달하려는 노력
감정이입	회사가 고객에게 제공하는 개인적인 배려와 관심

그러나 이와 같은 서비스품질은 고객의 기대된 서비스(expected service)와 지각된 서비스(perceived service)에 의해서 측정되므로 인터넷을 이용하는 고객의 특성상 기대(expectation)와 지각(perception)을 객관적으로 측정하기는 어렵다(Javenpaa et al., 1997). 반면에 Cronin et al.(1992)은 SERVQUAL이라고 불리는 서비스품질 평가방법이 적절한 방법인지 의문을 제기하였다. 그는 서비스품질, 고객만족, 행위의도와의 관계를 밝히는 연구에서 지각(perception)

만으로 측정이 가능하다고 주장하였다. 서비스품질은 고객만족의 선행변수라고 주장하고 고객만족이 서비스품질보다 행위의도에 더 많은 영향을 미친다고 하였다.

이러한 방법의 측정모델을 SERVPERF라고 하며, 지각만을 갖고 측정한다는 면에서 일반적인 인터넷에서의 고객행동 연구에는 디지털 상품의 구매경험자를 대상으로 측정하는 SERVPERF의 주장을 따르고 있다고 본다.

■ 표 3-4 인터넷쇼핑에서의 서비스품질 구성요인에 관한 선행연구

요인구성	연구자
상품인식	Javenpaa and Todd(1996), 서영호 외(1998), 박기남(2000)
쇼핑경험	Javenpaa and Todd(1996), 서영호 외(1998), 김성언, 나선영(1999), 김상용, 박성용(1999), 안준모, 한상록(1999), 박기남(2000)
고객서비스	Javenpaa and Todd(1996), 서영호 외(1998), 오창규(1998), 나광윤(1999), 김종기 외(2000)
고객위험	Javenpaa and Todd(1996), 서영호 외(1998),

본 연구에서는 위의 Javenppaa가 제시한 품질구성을 통한 구매행동에 미치는 영향을 설명하고자 한다. 첫째, 인터넷에서 상품을 가장 쉽게 고객에게 인식시킬 수 있는 것은 가격이다(Kalakota et al., 1996; Javenpaa et al., 1997). 상품의 구색과 품질은 대부분 비슷하기 때문에 가격에 민감하게 반응하는 것으로 나타났다.

두 번째, 쇼핑경험은 상품을 찾으려 탐색하는 노력, 편의성, 그리고 오락성이 중요한 영향을 미친다고 하였다(Javenpaa et al., 1997). 따라서 인터넷의 수많은 정보들 사이에서 고객이 찾고자 하

는 상품정보를 얻으려는 노력을 줄여주는 것과 이에 따르는 편리한 기능들, 그리고 재미를 추구할 수 있는 오락성이 구매의도에 영향을 준다는 것이다(Javenpaa et al., 1997: Kim, 1997: Lohse et al., 1998: Spiller et al., 1998).

세 번째, 고객서비스에서는 반응성, 확신성, 신뢰성, 재질감, 공감성 등이 모두 중요한 요소로 사용되고 있다(Javenppa et al., 1997). 반응성은 고객을 돕고 신속한 서비스를 제공하려는 태도를 말한다. 확신성은 직원의 지식과 예절, 신뢰와 자신감을 전달하려는 노력이며, 신뢰성은 약속한 서비스를 믿을 수 있고 정확하게 수행할 수 있는 능력이다. 그리고 재질감은 현실세계와 같은 상품의 속성을 전달할 수 있는 능력이다. 끝으로 공감성은 기업이 고객에게 제공하는 개인적인 배려와 관심을 의미한다.

네 번째, 고객위험은 경제적 위험, 성과위험, 사생활 위험, 개인적 위험을 포함하는데 이 중 인터넷이나 오프라인 쇼핑에서 가장 중요한 것은 사생활 위험이다(Simpson et al., 1993). 사생활 위험은 인터넷 구매행위 시 노출되는 개인의 정보로 인한 위험을 뜻한다. 이것이 고객의 구매의도에 중요한 영향을 미친다는 것이다. 아래 〈표 3-5〉는 구매행위에 영향을 미치는 주요한 속성을 정리한 것이다.

▋ 표 3-5 고객 구매행위에 영향을 미치는 주요 속성

품질구성	오프라인 구매행위	인터넷 구매행위
상품인식	가격, 다양성, 품질	가격, 다양성, 품질
쇼핑경험	편의성, 상점분위기, 오락성	탐색노력, 편의성, 오락성
고객서비스	반응성, 신뢰성, 재질감, 공감성, 확신성	반응성, 신뢰성, 재질감, 공감성, 확신성
고객위험	경제적 위험, 사회적 위험, 성과 위험, 개인적 위험	경제적 위험, 사회적 위험, 성과 위험, 개인적 위험

* 이건창 외(2000), 발췌

2. 인터넷상거래에서 고객수용에 관한 평가의 주요 접근법들

웹에서 거래되는 상품들의 수용성을 평가하기 위한 기존의 연구들을 살펴보면 주로 거래비용이론(transaction cost model)을 사용한 모형을 사용하였다(Williamson, 1985; Malone et al., 1987; Clemons et al., 1993; Bakos, 1991, 1997; Linag et al., 1998; 김성은, 1999; 김효근 외, 2000). 이러한 연구들에서는 인터넷상에서 물리적인 상품과 디지털 상품을 비교하여 거래비용이 적게 드는 방향으로 고객이 상품을 구매할 것이라고 주장하는 것이다(Wilson, 1995; Linag et al., 1998). 주요 연구내용은 다음 〈표3-6〉과 같다.

그러나 기존 연구에서 언급되는 디지털 상품은 단지 물리적인 상품의 비교대상으로서 사용되었으며 디지털 상품이 갖는 상품 속성으로 인해 물리적인 상품보다 디지털 상품이 웹상에서의 거래비용이 낮다는 것을 증명하는 수준이었다(이두희, 1997; 이동원, 1998; Liang et al., 1998; 김봉현, 1998; 오기석, 1999; 김효근, 2002). 따라서 기존 연구들에서는 디지털 상품을 물리적인 상품에 대한 비교

기준으로 사용하였을 뿐이다. 물리적인 상품을 제외하고 디지털 상품만의 고유한 속성에 따라 디지털 상품을 구분하고 디지털 상품의 속성에 따라 웹매체에 어떠한 디지털 상품이 좀더 적합한지를 살펴본 연구는 전무하다.

■ 표 3-6 인터넷상거래의 고객수용에 관한 선행연구들

연구자	주요 내용
Williamson(1985)	거래비용의 우위를 가지나 거래 시의 의사결정프로세스에 의해 위험은 증가
Malone et al. (1987)	비용대비 성과의 개선, 자산특수성의 감소를 증명
Clemons(1993), 김성은(1999)	조정비용, 정보교환 및 처리비용의 감소, 정보이용 가능성과 처리 역량의 증가됨을 제시
Bakos (1991, 1997)	정보교환에 대한 표준의 출현으로 시장참여자들의 비용은 점차 감소함을 제시
Liang et al. (1998)	고객들이 물리적 제품과 디지털 제품 사이의 거래비용이 낮은 방향으로 움직이는 경향을 실증분석
이두희(1997)	
이동원(1998)	
김봉현(1998)	
오기석(1999)	
김효근(2002)	

더불어 물리적인 상품을 기준으로 한 거래비용이론은 앞 장에서 설명한 물리적인 상품 속성구분으로 분류되지 않는 것처럼 디지털 상품만을 대상으로 하는 본 연구에는 적합하지 않다고 판단하였다. 이에 따라 거래비용이론을 사용하지 않고 다른 접근법을 사용하여 디지털 상품의 속성에 따른 고객수용을 평가하고자 하였다.

제4장 연구모형 및 연구가설

제4장 연구모형 및 연구가설

제1절 연구모형

1. 고객수용에 관한 기존 연구 및 연구모형

본 연구의 기본적인 전제는 디지털 상품은 물리적인 상품과는 달리 컴퓨터와 같은 정보기기를 이용해서만 사용이 가능한 특징을 갖는다는 것이다. 또한 이를 전통적인 소매쇼핑과는 달리 개인의 자발적인 의사에 의해서 수용되는 하나의 정보기술이라고 파악하는 데 있다(구동모 외, 2001). 따라서 웹과 디지털 상품은 정보기술(Intelligent Technology: IT)의 일부로 볼 수 있으며(Chen, 2000), 디지털 상품에 대한 개념을 마케팅의 상품학적인 관점이 아닌 정보기술이라는 측면에서 접근하고자 하는 것이다. 이러한 정보기술의 수용을 측정하기 위한 기존의 접근법으로는 기술수용모형(Technology Acceptance Model: TAM)이 있다. 대체로 TAM은

정보시스템의 기술수용을 설명하기 위한 모형으로 사용되지만 최근
에는 정보기술에서 인터넷이 차지하는 범위가 넓어짐에 따라 모형
의 활용범위도 인터넷과 같은 정보기술로까지 확대되었다(박순창
외, 2000; 구동모 외 2001). TAM을 활용하여 정보기술 수용요인을
측정한 주요 연구들은 아래 〈표 4-1〉과 같다.

■ 표 4-1 TAM을 응용한 정보기술 수용요인을 측정한 주요 연구

정보기술	TAM을 이용한 기존 연구
워드프로세싱	Davis et al.(1989), Adams et al.(1992), Doll et al.(1998), Chau(1996, a, b)
전자우편	Davis(1989), Adams et al.(1992), Segar et al.(1993), Subramanian (1994), Chin et al.(1995), Straub et al. (1995), Szajna(1996), Straub et al.(1997), 여인갑(1992)
스프레드시트	Mathieson(1991), Adams et al.(1992), Hendrickson et al.(1993), Doll et al.(1998), 여인갑(1992), Miller (1994), Chau(1996, a, b)
DB	Hendrickson et al.(1993), Szajna(1994), Doll et al.(1998), 여인갑 (1992), Miller(1994)
그래픽	Davis(1989), Adams et al.(1992), Doll et al.(1998)
프로그래밍	Chau(1996, a, b), Kim(1996), Jackson et al.(1997), Bajaj et al.(1998), Dishaw et al.(1999)
개인용컴퓨터	igbaria et al.(1995), Igbaria et al.(1996), Igbaria et al.(1997)
웹브라우저	Morris et al.(1997)
인터넷	Lin and Lu(2000), Moon et al.(2001)

* 박순창 외(2000), 발췌 재구성

정보기술의 사용자가 어떤 요인으로 정보기술을 수용하는지는 1990년대의 경영정보시스템 연구의 가장 주요한 분야 중 하나였다. 이러한 기술수용을 연구하는 이론적 바탕은 합리적 행동이론(Theory of Reasoned Action: TRA), 계획행동이론(Theory of Planned Behavior), 그리고 기술수용모형(Technology Acceptance Model: TAM)의 3개의 모형에 그 기초를 두고 있다(박순창 외, 2000; 구동모 외, 2001).

기술수용모형은 Davis(1986)에 의하여 TRA를 변형하여 도입되었다. 정보기술(IT)의 사용자 수용을 모형화시키기 위하여 만들어졌으며 정보시스템의 사용자 수용을 예측하고 설명할 목적으로 사용되었다. Davis는 정보기술을 수용하는 주요 행동변수로서 지각된 유용성과 지각된 사용편의성 변수를 사용하였다. 이들 TAM의 핵심변수들의 정의는 아래의 〈표 4-2〉와 같다.

▌표 4-2 TAM 변수의 정의

TAM 변수	내 용
지각된 사용편의성	특정한 시스템을 이용하는 데 신체적 및 정신적 수고가 적게 들 것이라고 개인이 믿는 정도
지각된 유용성	특정한 시스템을 이용하는 것이 개인의 직무성과를 향상시킬 것이라고 개인이 믿는 정도

TAM의 기본 모형은 다음의 〈그림 4-1〉과 같다.

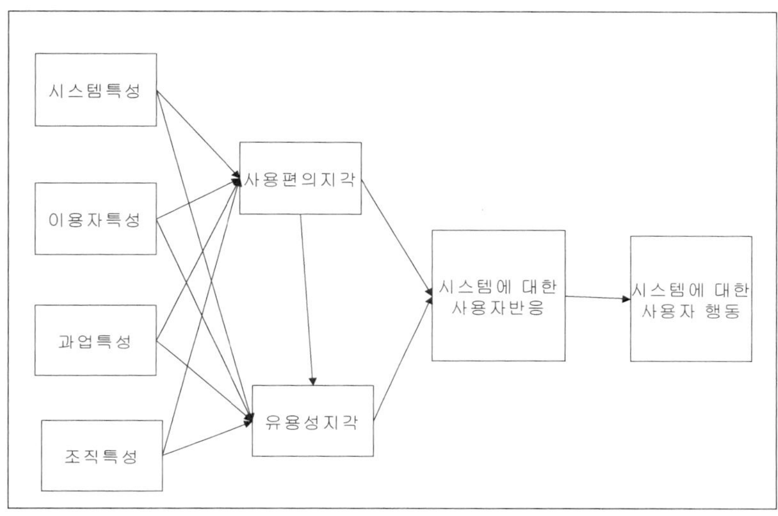

▌그림 4-1 TAM의 기본모델

2. 연구모형

앞서 기술했던 것처럼 TAM은 정보기술을 사용자가 수용하는 요인에 대해 설명하는 모형이다. 현재 인터넷과 컴퓨터는 광범위하게 사용되고 있으며 기업의 정보시스템뿐만 아니라 개인의 여가 활용에 이르기까지 최종사용자의 범위가 넓다. 또한 인터넷상에서 거래되는 디지털 상품을 사용하기 위해서는 정보기기, 즉 컴퓨터와 인터넷과 같은 정보기술을 다룰 수 있는 기초적인 지식이 있어야만 가능하다. 그러므로 컴퓨터와 인터넷을 정보기술로 보고, 정보기술을 수용하는 데 영향을 미치는 요인이 무엇인지 설명하는 TAM의 사용이 적합하다고 판단되어 연구모형으로 TAM을 도입하게 되었다. 따라서 본 연구에서의 모델은 기존의 TAM을 활용한 연구의 변형된 구조방정식 모델이며 다음 〈그림 4-2〉은 TAM을 응용한 본 연구의 전체적인 모형이다.

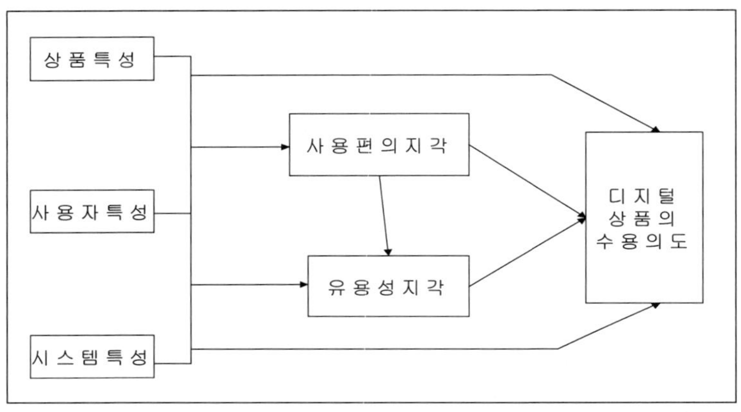

▌그림 4-2 TAM을 응용한 연구모형

제2절 구성변수 사이의 인과관계와 연구가설

1. 디지털 상품의 특성과 사용자 특성, 시스템 특성의 TAM과의 인과관계

디지털 상품의 특성과 사용자 특성, 그리고 시스템 특성이 TAM 의 사용편의지각과 유용성지각 사이에 갖는 인과관계는 기존의 선행연구를 통하여 설명하도록 하였다. TAM의 주요 연구들에서 나타난 독립변수들은 크게 개인관련 요인, 과업관련 요인, 시스템 특성 요인, 조직관련 요인의 4개의 범주로 나누어진다(Davis, 1989; 박순창 외, 2000). 본 연구에서는 이 중 TAM의 조직관련 요인과 개인관련 요인을 사용자 특성 요인으로 통합하였다. 그리고 시스템 특성 요인은 TAM에서 설명하고자 했던 수용요인의 주요 특성이므로 디지털 상품의 특성으로 수정하였다. 그리고 사용자가 디지털 상품을 사용하면서 다루게 되는 컴퓨터와 같은 정보처리기기를 이용 환경으로 정의하여 시스템 특성 요인으로 포함시켰다. 본 연구모형은 독립변수의 종속변수에 대한 직접효과와 사용편의지각 및 유용성지각을 통한 간접효과를 모두 고려하였다. 〈그림 4-2〉의 연구모형은 요인구성의 복잡성을 줄이기 위해서 요인수준을 제거하고 요인만으로 연구모형을 표현하였다.

2. 상품 특성과 사용편의지각 및 유용성지각에 따른 가설

본 연구에서 상품 특성은 원래 TAM에서의 시스템 특성 요인으로 판단하였다. 기존의 연구에 의하면 시스템의 특징은 사용자의 신념형성에 중요한 역할을 하고 있다(Bergeron et al., 1992). McFarland(1999)은 정보시스템의 특성이 개인 사용자의 인터넷사용 및 개인용 컴퓨터의 사용에 많은 영향을 미친다는 결과를 보고하였다. 이처럼 시스템의 특성은 인터넷쇼핑에 직접적인 영향을 주지는 않지만 사용편의지각과 유용성지각에 비교적 일관적이고 강한 직접적인 영향을 준다(Rurh, 2000). 따라서 본 연구에서는 다음과 같은 가설을 설정하였다.

가설 I

디지털 상품 특성은 사용편의지각 및 유용성지각에 유의한 영향을 미친다.

가설 1-1: 디지털 상품의 특성은 사용편의지각에 유의한 영향을 미친다.
가설 1-2: 디지털 상품의 특성은 유용성지각에 유의한 영향을 미친다.

3. 사용자 특성이 사용편의지각 및 유용성지각에 따른 가설

본 연구에서 사용자 특성은 원래 TAM에서 개인관련과 과업관련 요인으로 판단하였다. Parasuraman(1996)의 연구에서 개인의 컴퓨터의 이용도는 시스템이용도에 직접적으로 영향을 미친다고 하였으며, Sanders(1985)는 과업의 시스템의존도에 따라서 정보시스템의 성공요인이 모아진다고 보고하였다. 이미 많은 기존의 TAM을 활용한 연구들에서 개인의 컴퓨터 또는 정보기술의 사용경험이 정보기술의 수용 및 인터넷쇼핑에서 중요한 변수로 사용된다는 연구결과를 제시하고 있다(Igbrarua, 1990; Nelson, 1990; Taylor et al., 1995; Igbrarua et al., 1995). 또한 디지털 상품을 이용하기 위한 컴퓨터통신은 다른 매체의 특성과는 달리 이용방법의 습득시간이 적고 이용능력이 적정수준에 도달하면 친밀하게 지각하는 동시에 유용성에 대한 평가를 하기 시작하며(Trevino, 1992), 이용량이 많아지면서 그에 대한 좀더 긍정적인 평가를 내리게 된다(Schmitz, 1991). 따라서 본 연구에서는 다음과 같은 가설을 설정하였다.

가설 II
사용자의 특성은 사용편의지각 및 유용성지각에 유의한 영향을 미친다.

가설 2-1: 사용자의 특성은 사용편의지각에 유의한 영향을 미친다.
가설 2-2: 사용자의 특성은 유용성지각에 유의한 영향을 미친다.

4. 시스템 특성이 사용편의지각 및 유용성지각에 따른 가설

본 연구에서는 시스템의 특성을 원래 TAM 모형에서 조직관련 특성의 개념에서 수정하였다. 이것은 시스템 특성이 디지털 상품을 사용하기 위한 사용자의 환경적인 부분으로 판단한 것이다. 앞서 살펴보았던 기존 연구에서 구매행위에 영향을 미치는 서비스품질만족 모델의 추가적인 설명이 요구된다.

> **가설 Ⅲ**
> 시스템 특성은 사용편의지각 및 유용성지각에 유의한 영향을 미친다.

가설 3-1: 시스템의 특성은 사용편의지각에 유의한 영향을 미친다.
가설 3-2: 시스템의 특성은 유용성지각에 유의한 영향을 미친다.

5. 사용편의지각이 유용성지각과 디지털 상품의 구매 및 이용을 위한 수용에 따른 가설

앞서 TAM을 정의한 바와 같이 사용편의지각은 '특정한 시스템을 이용하는 데 신체적 및 정신적 수고가 적게 들 것이라고 개인이 믿는 정도'로서 기술하였다(Davis, 1989). 본 연구에서는 Davis (1989)가 정의한 특정한 시스템을 디지털 상품이라고 구성하여 사용편의지각은 '디지털 상품을 이용하기 위해 개인의 신체적 또는 정신적 수고가 필요로 하지 않을 것이라고 개인이 믿는 정도'라고 재정의하였다. 사용편의지각과 유용성지각 모두 개인의 기술수용에 대한 태도를 말하는 구체적인 신념이며, 정보기술의 수용태도와 유용성지각은 사용편의지각에 영향을 받아 형성된다(Davis et al.; Davis, 1989; McFarland, 1999; Ruth, 2000; 구동모 외, 2001). 여기서 정보기술은 정보시스템이 될 수도 있으며 인터넷쇼핑을 의미할 수도 있으나 본 연구에서는 디지털 상품을 정보기술로서 인식하고 이에 대한 사용자의 태도를 의미하고 있다.

이와는 별개로 일부 연구에서 사용편의지각이 유용성지각에 직접적인 영향이 없다고 주장하기도 하였으나(Adams et al., 1992; Agarwal et al., 1996; Chau, 1996; Agarwal et al., 1999) 본 연구에서는 원래의 TAM에 충실하기 위하여 사용편의지각을 유용성지각의 선행변수로 판단하였고 다음과 같은 가설을 설정하였다.

가설 Ⅳ

사용편의지각은 유용성지각과 디지털 상품의 구매 및 사용에 대한 수용에 유의한 여향을 미친다.

가설 4-1: 사용편의지각은 유용성지각에 유의한 영향을 미친다.

가설 4-2: 사용편의지각은 디지털 상품의 구매 및 이용을 위한 수용에 유의한 영향을 미친다.

가설 4-3: 사용편의지각은 다운로드형 디지털 상품의 구매 및 이용을 위한 수용에 유의한 영향을 미친다.

가설 4-4: 사용편의지각은 컨텐츠형 디지털 상품의 구매 및 이용을 위한 수용에 유의한 영향을 미친다.

가설 4-5: 사용편의지각은 하이브리드형 디지털 상품의 구매 및 이용을 위한 수용에 유의한 영향을 미친다.

6. 유용성지각이 디지털 상품의 구매 및 이용을 위한 수용에 따른 가설

유용성지각은 '특정한 시스템을 이용하는 것이 개인의 직무성과를 향상시킬 것이라고 개인이 믿는 정도'라고 정의한다(Davis, 1989). 하지만 본 연구에서는 원래 TAM에서 특정한 시스템을 디지털 상품이라고 해석하여 '디지털 상품을 사용하는 것이 같은 목적의 상품을 이용하는 것보다 성과를 향상시킬 것이라고 개인이 믿는 정도'라고 재정의하였다. 유용성지각은 정보기술의 수용태도에 직접적인 영향을 미치는 것으로 보고되고 있으며(Davis, 1989; Chen, 2000) 정보기술의 사용의도에도 직접적으로 영향을 미치고 있다(Adams et al., 1992; Ruth, 2000). 또한 Agarwal et al.(2000) 은 유용성지각이 인터넷, 전자메일 등 최근의 정보기술의 사용에도 직접적인 영향을 끼친다는 연구결과를 제시하였다. 이와 같은 연구결과를 기반으로 본 연구에서는 다음과 같은 가설을 설정하였다.

가설 V

유용성지각은 디지털 상품의 구매 및 이용에 대한 만족에 유의한 영향을 미친다.

가설 5-1: 유용성지각은 디지털 상품의 구매 및 이용을 위한 수용에 유의한 영향을 미친다.

가설 5-2: 유용성지각은 다운로드형 디지털 상품의 구매 및 이용을 위한 수용에 유의한 영향을 미친다.

가설 5-3: 유용성지각은 컨텐츠형 디지털 상품의 구매 및 이용을 위한 수용에 유의한 영향을 미친다.

가설 5-4: 유용성지각은 하이브리드형 디지털 상품의 구매 및 이용을 위한 수용에
유의한 영향을 미친다.

7. 사용자 특성, 상품 특성, 시스템 특성이 디지털 상품의 수용에 대한 가설

인터넷상의 물리적인 상품의 구매 및 이용에 대한 요인으로서 상품의 특성이나 사용자의 특성, 시스템에 대한 영향요인이 구매 및 사용에 영향을 미친다는 사실은 이미 기존의 많은 연구에서 증명된 바 있다(Javenppa & Todd, 1996, 채영일, 1997; 오창규, 1998; 서영호 외, 1998; 김성언, 나선영, 1999; 김상용, 박성용, 1999; 나광윤, 1999; 안준모, 한상록, 1999; 김종기 외, 2000; 박기남, 2000). 그러나 디지털 상품은 상품 속성에 따른 고객수용 및 행동을 분석한 연구가 미비하며 이것이 본 연구에서 기여하는 바라고 할 수 있다. 상품과 사용자, 그리고 시스템의 특성을 기반으로 디지털 상품을 구매 또는 이용하려는 고객의 수용의도에 의해 상품의 속성별로 각기 다른 고객행동을 보일 것이라고 가정하였다. 따라서 본 연구에서는 디지털 상품의 속성별 구매 또는 사용하려는 의도에 미치는 상품 특성의 영향과 사용자 특성, 그리고 시스템의 특성을 설명하고자 한다. 이에 대한 가설은 다음과 같다.

가설 VI
사용자 특성은 디지털 상품에 대한 고객행동에 유의한 영향을 미친다.

가설 6-1: 사용자 특성은 디지털 상품의 구매 및 이용을 위한 수용에 유의한 영향
을 미친다.

가설 6-2: 사용자 특성은 다운로드형 디지털 상품의 구매 및 이용을 위한 수용에 유의한 영향을 미친다.

가설 6-3: 사용자 특성은 컨텐츠형 디지털 상품의 구매 및 이용을 위한 수용에 유의한 영향을 미친다.

가설 6-4: 사용자 특성은 하이브리드형 디지털 상품의 구매 및 이용을 위한 수용에 유의한 영향을 미친다.

가설 Ⅶ

상품 특성은 디지털 상품에 대한 고객행동에 유의한 영향을 미친다.

가설 7-1: 상품 특성은 디지털 상품의 구매 및 이용을 위한 수용에 유의한 영향을 미친다.

가설 7-2: 상품 특성은 다운로드형 디지털 상품의 구매 및 이용을 위한 수용에 유의한 영향을 미친다.

가설 7-3: 상품 특성은 컨텐츠형 디지털 상품의 구매 및 이용을 위한 수용에 유의한 영향을 미친다.

가설 7-4: 상품 특성은 하이브리드형 디지털 상품의 구매 및 이용을 위한 수용에 유의한 영향을 미친다.

가설 Ⅷ

시스템 특성은 디지털 상품에 대한 고객행동에 유의한 영향을 미친다.

가설 8-1: 시스템 특성은 디지털 상품의 구매 및 이용을 위한 수용에 유의한 영향을 미친다.

가설 8-2: 시스템 특성은 다운로드형 디지털 상품의 구매 및 이용을 위한 수용에 유의한 영향을 미친다.

가설 8-3: 시스템 특성은 컨텐츠형 디지털 상품의 구매 및 이용을 위한 수용에 유의한 영향을 미친다.

가설 8-4: 시스템 특성은 하이브리드형 디지털 상품의 구매 및 이용을 위한 수용에 유의한 영향을 미친다.

제3절 변수의 조작적 정의

1. 상품 특성

원래 TAM에서 시스템관련 요인에 해당하는 상품 특성 요인은 본 연구에서 디지털 상품을 정보기술로 인식하고 이에 대한 특성을 찾고자 하였다. 이에 따라 본 연구에서 디지털 상품의 특성을 고려하기 위해서 사용된 요인은 공공재성, 복제가능성, 변환용이성, 불투명성, 유희성, 정보성, 맞춤성, 복구가능성의 요인이다(김진우, 2000). 공공재성은 상품을 사용하는 것에 의해서 다른 사용자에게 피해(훼손이나 부족)를 주지 않는 성질이며, 복제가능성은 손쉽게 복제되어 재생산될 수 있는 성질을 말한다. 변환용이성은 손쉽게 다른 상품으로 변경 또는 변형될 수 있는 성질이며, 불투명성은 사용해 보지 않으면 상품의 내용을 알 수 없는 캡슐화된 경험재적 성질을 뜻한다. 유희성은 재미나 오락성을 말하며, 정보성은 상품에 내재되어 있는 정보재적 성질을 의미한다. 그리고 맞춤성은 개인에게 맞추어 제공될 수 있는 성질이고, 복구가능성은 다른 의미로 폐기 불가능한 성질을 뜻한다. 즉 한번 생산된 상품은 쉽게 복구가 가능하며 또한 쉽게 폐기되지 않는 성질을 말한다.

▌표 4-3 상품 특성 측정을 위한 변수

요인변수	요인수준	척도형태	설문항목	선행연구
상품 특성	공공재성, 복제가능성, 변환용이성, 불투명성, 유희성 정보성 맞춤성, 복구가능성	8항목, 리커드 5점 척도	39번 40번 44번 45번 41번 46번 42번 43번	김진우(2000)

2. 사용자 특성

기존의 TAM관련 연구에서는 사용자관련 요인을 정보기술에 대한 현재의 이용경력, 이용량, 숙련도, 의존도로 구성하고 있다(Davis, 1996). 본 연구에서는 여기에 좀더 정확한 반영을 위하여 이용빈도를 추가하였다. 요인구성을 살펴보면 다음과 같다. 이용경력은 디지털 상품을 사용하는 개인이 디지털 상품을 이용해온 경력을 의미하며, 이용빈도는 디지털 상품을 이용하는 시간적인 빈도를 말한다. 이용량은 개인이 디지털 상품을 사용하는 시간적 지속 정도로 정의한다. 그리고 숙련도는 개인이 디지털 상품을 다루는 개인적인 능력 차이라고 정의하며, 의존도는 디지털 상품에 사용자가 업무나 생활에서 의존하는 정도를 의미한다.

■ 표 4-4 사용자 특성 측정을 위한 변수

요인변수	요인수준	척도형태	설문항목	선행연구
사용자 특성	이용경력 이용량 이용빈도 숙련도 의존도	5항목, 객관식 리커드 5점 척도	36번 34번 35번 37번 38번	Mcfarland(1999), Igbaria et al. (1997), Davis(1989), Ruth(2000)

3. 시스템 특성

시스템의 특성은 Davis(1989)의 정보시스템에서 사용하는 시스템의 성능과 속도를 비슷한 의미로서 사용하였다. 그리고 디지털 상품의 사용을 위해서는 인터넷상의 거래가 발생하기 때문에 보안에 관련된 내용을 추가하였다. 시스템의 성능은 디지털 상품을 사용하기 위한 사용자의 컴퓨터 또는 정보처리기기의 처리속도를 뜻하며, 속도는 디지털 상품을 사용하는 데 필요한 사용자의 인터넷 접속속도를 말한다. 그리고 보안수준은 디지털 상품을 사용하기 위해 방문하는 상품 제공자(웹사이트 등)의 보안수준에 대한 사용자의 인식을 뜻한다.

■ 표 4-5 시스템 특성 측정을 위한 변수

요인변수	요인수준	척도형태	설문항목	선행연구
시스템 특성	시스템 속도 네트워크 속도 보안수준	3항목, 객관식 리커드 5점 척도	7번 8번 9번	Mcfarland(1999), Igbaria et al.(1997), Davis(1989), Ruth(2000)

4. 사용편의지각

원래 TAM에서 사용된 정의를 그대로 사용하지 않고 사용편의지각은 '특정한 시스템을 이용하기 위해 신체적 및 정신적 수고가 적게 들 것이라고 개인이 믿는 정도'라고 앞서서 기술하였다(Davis, 1989). 본 연구에서는 Davis(1989)가 정의한 특정한 시스템을 디지털 상품이라고 구성하여 사용편의지각은 '디지털 상품을 이용하기 위해 개인의 생활에서 신체적 및 정신적 수고가 필요로 하지 않을 것이라고 개인이 믿는 정도'라고 재정의하였다. 요인수준에 대한 설명은 다음과 같다. 제반지식 불필요(이하 제반지식)는 디지털 상품을 이용하기 위해 개인에게 별도의 제반지식이 없어도 된다고 사용자가 인식하는 지각의 정도를 말하며, 별도수고 불필요(이하 별도수고)는 디지털 상품을 이용하기 위해 개인에게 별도의 수고로움이 필요로 하지 않을 것이라고 사용자가 인식하는 지각의 정도를 의미한다. 그리고 별도도움 불필요(이하 별도도움)는 디지털 상품을 이용하기 위해 개인에게 별도의 도움을 타인이나 장치의 제공으로 필요하지 않을 것이라고 사용자가 인식하는 지각의 정도를 말한다. 위와 같이 정의한 요인수준으로 구성된 사용편의지각에 대한 설문 척도의 개발은 다음의 〈표 4-6〉과 같다.

■ 표 4-6 사용편의지각 측정을 위한 변수

요인변수	요인수준	척도형태	설문항목	선행연구
사용편의지각	제반지식 불필요 별도수고 불필요 별도도움 불필요	3항목, 리커드 5점 척도	47번 49번 48번	Davis(1989)

5. 유용성지각

역시 유용성지각에 대한 정의도 원래 TAM에서 사용한 것을 그대로 사용하지 않고 재정의하였다. TAM에서는 유용성지각은 '특정한 시스템을 이용하는 것이 개인의 직무성과를 향상시킬 것이라고 개인이 믿는 정도'라고 정의하였다(Davis, 1989). 하지만 본 연구에서는 특정한 시스템을 디지털 상품이라고 해석하여 '디지털 상품을 이용하는 것이 개인이 추구하는 성과를 향상시킬 것이라고 믿는 정도'라고 재정의하였다. 유용성지각을 구성하는 요인수준은 성과향상과 시간단축, 비용감소로서 다음과 같다. 성과향상은 이용목적이 같은 다른 상품과 비교하여 디지털 상품의 이용이 더 나은 효과를 얻는다고 인식하는 정도이며, 시간단축은 디지털 상품의 이용으로 인하여 같은 목적의 다른 상품과 비교해서 시간이 단축된다고 인식하는 정도를 의미한다. 그리고 비용감소는 같은 목적의 상품을 이용하는 것보다 디지털 상품을 이용하기 때문에 개인이 비용적인 감소를 얻는다고 인식하는 정도를 말한다.

▌ 표 4-7 유용성지각 측정을 위한 변수

요인변수	요인수준	척도형태	설문항목	선행연구
유용성지각	성과향상 시간단축 비용감소	3항목, 리커드 5점 척도	50번 51번 52번	Davils(1989)

6. 디지털 상품에 대한 고객수용의도

고객반응은 '하나의 문제에 대한 일종의 요약적 평가 혹은 심리적인 기질에 따른 태도'라고 정의할 수 있다(Berger et al. (1995).
이에 따라 본 연구에서는 디지털 상품에 대한 고객수용반응을 '심
리적인 추구의 태도를 나타내는 디지털 상품의 구매 또는 재구매,
사용 또는 재사용 의사'로 정의하며, 실제 실증분석에서는 수용의사
를 디지털 상품의 속성에 따라 3개의 종속변수로 구분하였다.

첫 번째, 다운로드형 디지털 상품은 앞서 정의한 인터넷에 접속
을 유지하는 상태에서 거래되는지의 여부에 따른 '네트워크 종속성
(서버에 대한 종속성: Network dependency)'에서 네트워크의 독립
성이 강한 디지털 상품을 '다운로드(download)형'으로 분류하였다.

두 번째, 디지털 상품 중에서 경험의 강도가 강한 상품, 즉 구매
자가 소유를 하지 않고 단지 경험을 목적으로 수용하는 디지털 상
품을 '네트워크(network)형'으로 분류하였다.

세 번째, 두 가지의 구분 기준에 따르지 않는 디지털 상품도 존
재한다. 즉 두 가지의 속성을 모두 갖고 있으며 강도의 우열을 가
리기 어려운 상품을 말한다. 이러한 디지털 상품은 '하이브리드
(hybrid)형'으로 분류하여 정의하였다.

■ 표 4-8 디지털 상품에 대한 고객행동 측정을 위한 변수

요인변수	요인수준	척도형태	설문항목	선행연구
다운로드형	S/W, MP3, e-Book	3항목, 리커드 5점 척도	22번, 23번, 25번	연구자 임의
네트워크형	원격교육, 원격진단 및 법률상담, 지도	3항목, 리커드 5점 척도	26번, 27번, 28번	연구자 임의
하이브리드형	AOD & MOD, 아바타, 티켓예매, 온라인 게임, CPC, Home Banking & Trading	6항목, 리커드 5점 척도	29번, 30번, 32번, 31번, 24번, 33번	연구자 임의

제5장 결과 분석 및 가설 검정

제5장 결과 분석 및 가설 검정

제1절 자료분석방법 및 표본의 특성

1. 자료모집방법

제시된 가설을 검증하기 위하여 디지털 상품에 관한 설문조사를 실시하였는데, 표본추출방법으로는 비확률표본추출방법을 선택하였으며, 임의표본추출방법으로 다음과 같은 과정을 통해 진행하였다. 우선 디지털 상품의 주 소비층은 인터넷 사용자들이므로 인터넷 포탈 업체인 네이버 리서치(http://www.naver.com)에 의뢰하여 포탈사이트를 이용하는 가입자 및 비가입자들을 대상으로 온라인 설문을 위탁하였다. 설문 홈페이지는 접속하면 바로 설문이 시작되는 것이 아니라 본 연구에서 다루고 있는 디지털 상품에 대한 기초적인 지식을 전달하여 서론에서 언급한 대로 일반인들에게 혼재되어 있는 디지털 상품에 대한 개념을 응답자들에게 먼저 인식시키고 설문 홈페이지에 접속할 수 있도록 안내하였다.

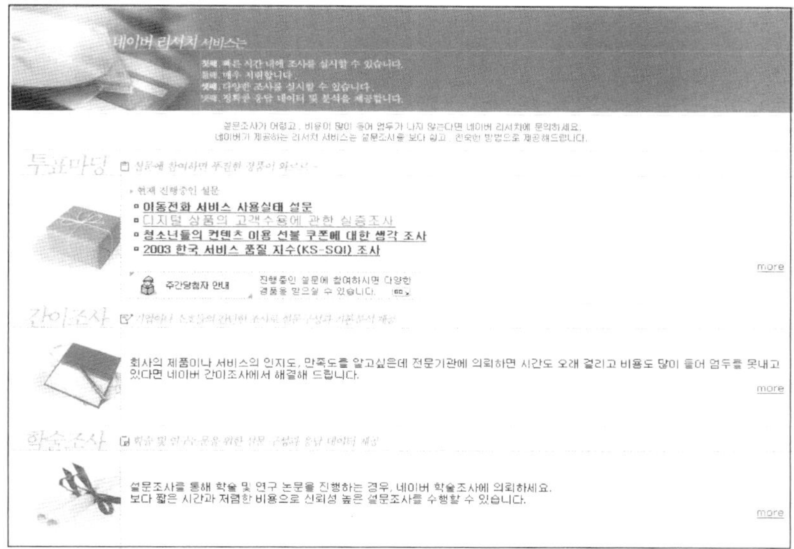

■ 그림 5-1 인터넷 온라인 설문화면

　　조사 기간은 2003년 6월 초부터 7월 초까지 한 달 동안 3차에 걸쳐 진행되었으며 본 연구에 사용된 설문지는 최종 3차 조사에서 회수된 설문지이다. 회수된 설문지는 총 10,457부로서 이 중에서 무성의한 응답 또는 결측치가 있는 설문지는 연구에 부적당하다고 판단되어 제외하고 총 2,427부의 응답표본을 분석에 사용하였다. 회수된 설문지의 표본 수와 분석에 사용된 설문지의 표본 수의 차이가 많이 나는 것은 조사 의뢰기관인 네이버 리서치에서 자체 사용하는 스크리닝 필터(screening filter)를 사용했기 때문이다. 스크리닝 필터는 응답의 신뢰도를 높이기 위해 설문지 항목에서 연속 7개 이상의 동일 점수를 표기한 것은 무성의한 응답으로 처리하여 제거한다.

2. 표본의 특성

(1) 성별 및 연령비율

수집된 자료의 특성을 보면 〈그림 5-2〉와 같다. 표본의 수는 2,427 개로서 남자는 1,647명의 68%와 여자는 780명의 32%로 나타났다.

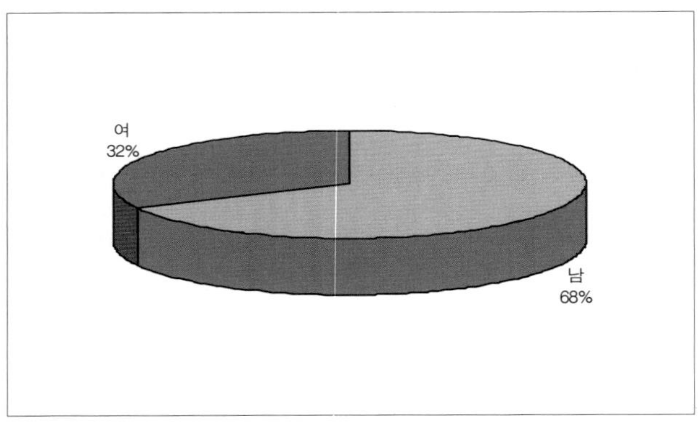

▌ 그림 5-2 표본의 인구통계학적 구성 Ⅰ

연령대는 주로 20, 30대의 대학생 및 대학원생들과 직장인들로 구성되어 있다. 특히 이들은 디지털 상품의 구매 주 소비 계층이기도 하다. 10대는 52명(2%), 20대는 905명(3%), 30대는 1,108명 (46%), 40대는 284명(12%), 50대 이상은 78명(3%)으로 나타났다. 인터넷 사용자의 확대로 인해 구매력을 갖춘 40대 이상의 인구도 응답에 포함된 것(15%)은 실증분석의 신뢰도를 높여주는 대표성에 도움을 줄 것으로 본다.

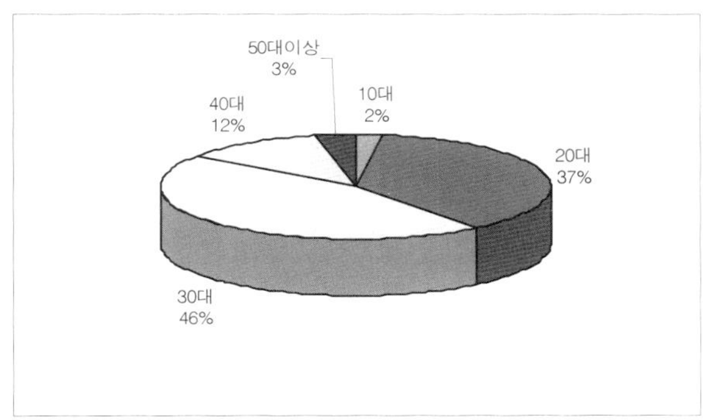

■ 그림 5-3 표본의 인구통계학적 구성 Ⅱ

(2) 교육수준

응답자들의 교육수준은 대부분 2년제 대학교 이상의 재학생들이
나 대졸자 이상의 고학력자들로 구성되어 있다. 고등학교 재학 이
하는 75명(3%), 고등학교 졸업은 764명(32%), 대학교 재학(전문대
이상)은 363명(15%), 대학교 졸업(전문대 이상)은 1,082명(46%),
대학원 재학 및 졸업은 98명(4%)으로 나타났다.

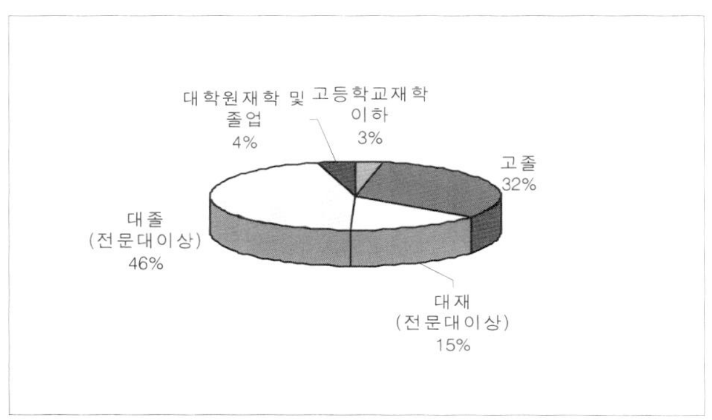

■ 그림 5-4 표본의 인구통계학적 구성 Ⅲ

(3) 소득수준

응답자들의 소득수준은 대체로 디지털 상품의 소비능력을 갖추고 있는 것으로 판단된다. 소득 없음은 325명(13%), 100만 원 미만은 342명(14%), 100-200만 원 미만은 958명(40%), 200-300만 원 미만은 534명(22%), 300만 원 이상은 268명(11%)으로 나타났다.

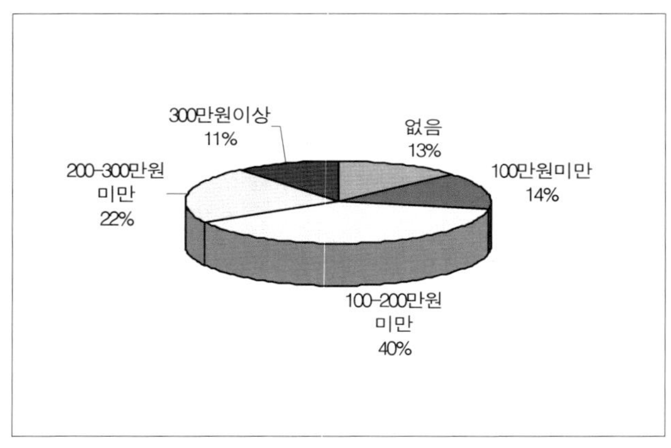

▌ 그림 5-5 표본의 인구통계학적 구성 Ⅳ

(4) 응답자들의 지역분포

수집된 표본의 응답자들은 대체로 서울과 경기, 인천 등 수도권 지역에서 응답해 주었다. 응답자들의 분포는 강원 76명(3%), 경기 628명(26%), 경남 59명(2%), 경북 57명(2%), 광주 84명(3%), 대구 61명(35%), 대전 58명(2%), 부산 117명(5%), 서울 863명(36%), 울산 37명(2%), 인천 151명(6%), 전남 41명(2%), 전북 76명(3%), 제주 14명(1%), 충남 57명(2%), 충북 48명(2%)으로 각각 나타났다.

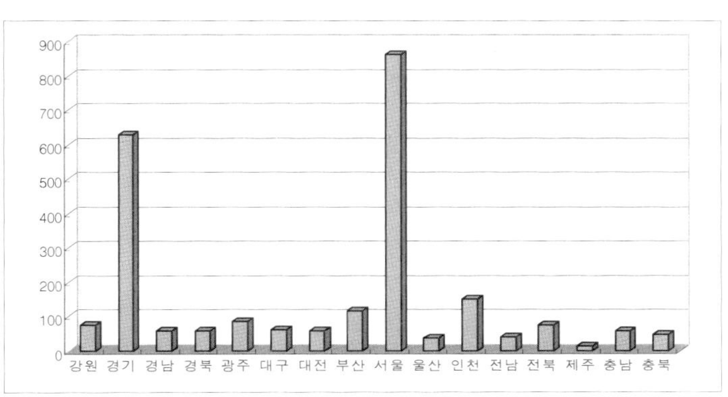

■ 그림 5-6 표본의 인구통계학적 구성 Ⅴ

　그러나 〈그림 5-7〉에서 보는 것과 같이 대도시(서울, 부산, 인천, 대구, 대전, 광주, 울산)와 지역으로 나누었을 경우, 비교적 대등한 비율을 나타냄에 따라서 온라인 설문조사의 특징인 전국적인 조사로 보는 데 문제는 없을 것으로 판단된다.

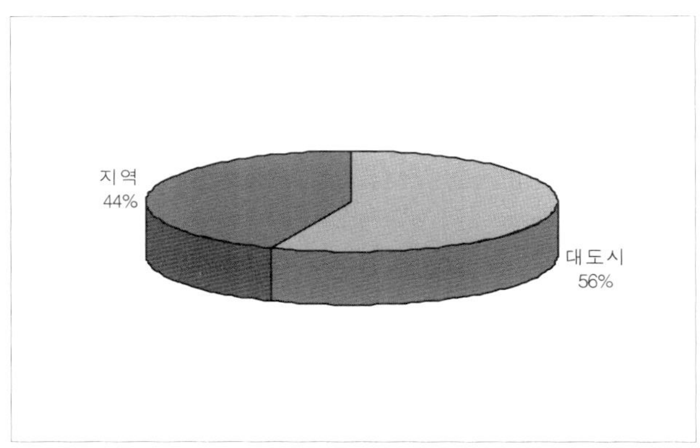

■ 그림 5-7 표본의 인구통계학적 구성 Ⅵ

　인터넷 사용자를 대상으로 한 연구에서 표본의 대표성에 의한 타당성과 신뢰성은 확보하기 어렵다. 왜냐하면, 인터넷 사용자의 모집단 규모가 대단히 크기 때문에 표본을 통한 조사결과의 일반화를 이끌어 내기 어렵기 때문이다. 따라서 본 연구에서는 국내 웹미디어사와 한국단체연합회, 그리고 IMResearch가 매년 개최하는 가장 대규모의 인터넷사용자조사(KNP, 2002)자료와의 유의한 차이가 없는 비교자료를 통하여 인구통계학적 구성에 대한 유의성에 대한 논의를 보완하고자 한다.

■ 표 5-1 KNP ’ 2002 인터넷사용자의 인구통계학적 구성

응답자 특성		비율	응답자 특성		비율
성별	남	57.1%	지역별	서울시	24.6%
	여	42.9%		부산시	8.9%
연령	19세 이하	27.8%		대구시	8.6%
	20-24세	23.7%		인천시	4.0%
	25-29세	19.9%		광주시	2.6%
	30-34세	13.0%		대전시	5.0%
	35-39세	7.2%		울산시	3.8%
	40세 이상	8.5%		경기도	15.2%
학력별	중졸이하 / 재학	11.6%		강원도	2.7%
	고졸이하 / 재학	22.9%		충북도	2.7%
	대졸이하 / 재학	59.1%		충남도	3.0%
	대학원졸 이상	6.4%		전북도	3.3%
소득별	100만 원 미만	33.0%		전남도	2.5%
	100-200만 원	30.7%		경북도	6.0%
	200-300만 원	19.8%		경남도	6.0%
	300-400만 원	9.2%		제주도	1.1%
	400-500만 원	3.8%	* 표본 19,622명,		
	500만 원 이상	3.5%	* 조사 기간 2002. 9.~2002. 10.		

제2절 측정도구의 타당성 및 신뢰성 분석

본 연구는 가설검증을 위해서 타당성 분석, 신뢰성 분석 및 요인 분석, 그리고 구조방정식 모형을 통해 경로분석을 수행하였다. 또한 기술통계량과 척도 분석, 그리고 상관관계 분석을 통하여 각 변수들 간의 관계와 구조를 설명하였으며 구체적인 가설들을 규명하기 위해서 경로분석에 의한 회귀분석방법을 이용하였다.

1. 타당성 분석

타당성 분석(Validity Analysis)이란, 측정하는 개념이나 속성을 측정도구가 정확하게 측정할 수 있는가를 나타내는 개념이다(김계수, 2001). 즉 측정개념이나 속성을 측정하기 위해 개발된 측정도구가 해당속성을 정확하게 반영하고 있는가와 관련이 되어 있다. 타당도에는 세 가지의 종류가 있으며 다음과 같다.

첫째, 내용타당도(contents validity)는 측정도구를 구성하고 있는 항목들이 측정하고자 하는 개념을 대표하고 있는 정도를 말한다. 이것은 전문가나 연구자의 주관적인 판단에 의해서 측정된다.

두 번째, 예측타당도(predictive validity)는 한 가지 속성이나 개념에 의한 측정값이 다른 속성의 변화를 예측하는 정도를 말한다.

세 번째, 구성타당도(construct validity)는 측정도구가 연구하고자 하는 개념의 구성을 측정하였는지를 검증하는 방법이다.

먼저 본 연구는 구성타당도를 측정하기 위해서 요인분석을 실시하였다. 요인분석은 항목들 간의 상관관계가 높은 것끼리 하나의 요인으로 묶어 내며 요인들 간에는 상호 독립성을 유지하도록 할 수 있다. 요인분석을 실시하는 경우, 표본의 수는 적어도 변수 개수의 4-5배가 적당하며, 등간척도나 비율척도 등으로 정량적으로 측정된 것이어야 한다(강병서 외, 1999). 요인추출모형에는 주성분 분석(PCA: Principle Component Analysis)과 CFA (Common Factor Analysis) 등이 주로 사용된다. 본 연구에서는 정보의 손실을 최소화하면서 보다 적은 수의 요인을 구하고자 할 때 자료의 총분산을 분석하는 PCA 분석을 사용하였다.

PCA 분석의 수행 후에 초기 요인패턴의 해석상의 어려움으로 인해 요인의 회전을 수행했으며 요인구조를 회전시키는 방법으로는 요인 내의 상관은 높이면서 독립성을 유지시켜 주는 배리맥스(varimax rotation)방법을 사용하였다. 변수 내의 요인 수 결정은 요인이 설명할 수 있는 변수들의 분산크기를 나타내어 일반적으로 사회과학 분야에서 널리 인정되고 있는 고유치, 즉 아이겐 값(eigen value)이 1 이상이 되는 요인만을 추출하였다.

▌표 5-2 독립변수의 요인분석

요인수준 \ 연구변수	요인 1	요인 2	요인 3
	사용자 특성	상품 특성	시스템 특성
이용경력	.792	6.312E-02	6.071E-02
이용빈도	.796	.108	2.472E-02
이용량	.778	7.335E-02	2.513E-03
숙련도	.639	.242	.257
변환용이성	1.580E-02	.704	-2.00E-02
복구가능성	2.643E-02	.648	-1.32E-02
유희성	.200	.624	.148
복제가능성	.144	.534	.168
맞춤성	3.437E-02	.583	8.121E-02
정보성	.137	.509	.120
네트워크 속도	8.453E-02	.132	.905
시스템 성능	.102	.146	.898
고유치(Eigen Value)	3.383	1.676	1.390
분산 설명률(%)	28.189	13.963	11.585
누적분산 설명률(%)	28.189	42.152	53.737

요인적재량(factor loading value)은 각 변수와 요인 사이의 상관관계의 정도를 설명하므로, 각 변수는 요인적재량이 가장 높은 요인에 속하게 된다. 요인분석 결과, 요인이 추출되었을 때 요인적재량이 0.4 미만인 항목은 타당성이 없는 것으로 간주하고 연구에서 제외하는 것이 일반적이다. 각 개념의 측정에 사용될 연구변수들은 비교적 안정된 요인적재량을 나타내었다. 그러나 상품 특성의 공공재성과 경험성, 사용자 특성의 의존도, 그리고 시스템 특성의 보안수준은 요인적재량이 0.4 이하로 나타나 제외되었다.

▌표 5-3 TAM의 요인분석

요인수준 \ 연구변수	요인 1 유용성지각	요인 2 사용편의지각
시간 단축	.846	−1.08E−02
비용 단축	.807	4.241E−02
성과 향상	.765	5.268E−02
도움 불필요	4.537E−02	.819
수고 불필요	.102	.776
제반지식 불필요	−4.91E−02	.653
고유치(Eigen Value)	2.034	1.635
분산 설명률(%)	33.899	27.246
누적분산 설명률(%)	33.899	61.144

TAM의 주요 요인인 사용편의지각과 유용성지각에서도 각 개념의 측정에 사용될 수 있도록 비교적 안정된 요인적재량을 나타내었다.

2. 신뢰성 분석

신뢰성 분석(reliability analysis)을 하는 이유는 다음과 같다. 첫째, 측정하고자 하는 개념이 조사대상자로부터 정확하고 일관되게 측정되었는지를 확인하는 것이고, 둘째, 설문에 응답하는 사람이 정확하게 일관되게 측정에 응했는지를 분석하는 데 이용된다(성태제, 1999). 즉 추출된 요인구조에서 각각의 요인들이 독립된 개념을 가지는지를 신뢰할 수 있는지 알아보는 분석방법이다. 본 연구에서 사용한 설문을 하나의 검사도구로 봤을 때 그 검사도구를 지지해

주는 측정변수들이 요인 내에서 얼마나 일관성(consistency) 있게
측정되었는지 알아보는 내적 일관성 신뢰도를 측정하는 것이다.

▌표 5-4 매체특성 요인의 신뢰성 분석

요인(변수)	요인수준(변인)	평균	표준편차	변인 제거된 Cronbach's α
	복제가능성	3.6016	.9522	.6368
	유희성	3.5632	.8549	.5995
	맞춤성	3.1145	.8425	.6421
상품 특성	복구가능성	3.0507	.9243	.6389
	변환용이성	3.1191	.8720	.6152
	정보성	3.3589	.8719	.6457
Cronbach's α =.6729				N=2,427

　　내적 일관성을 측정하는 방법은 일반적으로 Cronba's α 값을 사
용한다(성태제, 1999). 요인분석 결과를 토대로 단일차원으로 구성
된 개념 내에서 실시하였으며, 연구에서 사용된 요인들을 동일한
개념으로 측정하기 위하여 복수의 변인을 이용하였다. 그러므로 동
일한 측정을 위한 변인들 간의 평균적인 관계를 살펴보는 Cronba's
α 값에 의한 내적 일관성 분석을 실행하였다. 일반적으로 이를 통
해서 타당하고 신뢰할 수 있는 문항은 선정하고 일관성을 해치
는 문항은 제거함으로써 각 요인에 대한 요인점수를 산출하는 과
정을 거치게 된다. 사회과학에서는 대체로 Cronba's α 값이 0.6 이
상이 되면 비교적 신뢰도가 높다고 판단한다. 상품 특성 요인의 신
뢰성 분석에서는 표준화된 Cronba's α 값이 비교적 높게 나타났으
며 각 변인들을 제거했을 때 Cronba's α 값보다 높게 나타났다.

▌ 표 5-5 사용자 특성 요인의 신뢰성 분석

요인(변수)	요인수준(변인)	평균	표준편차	변인 제거된 Cronbach's α
이용자특성	이용량	2.9308	1.0225	.7074
	이용빈도	3.3333	1.3059	.6979
	이용경력	2.9019	1.2497	.6919
	숙련도	3.1784	.9392	.7377
Cronbach's α =0.7699				N=2,427

사용자 특성의 신뢰성 분석에서도 변인 제거된 Cronba's α 값보다 표준화된 Cronba's α 값이 비교적 높게 나타나서 각 요인수준들을 제거하지 않아도 무리 없이 일관성 있는 설문구성으로 나타났다.

▌ 표 5-6 시스템 특성 요인의 신뢰성 분석

요인(변수)	요인수준(변인)	평균	표준편차	변인 제거된 Cronbach's α
시스템 특성	시스템 성능	3.2480	.7232	.
	네트워크 속도	3.2748	.7114	.
Cronbach's α =0.8350				N=2,427

시스템 특성의 신뢰성 분석에서도 표준화된 Cronba's α 값이 비교적 높게 나타났으나 두개의 요인수준으로 구성되어 있어 각 변인들을 제거했을 때 Cronba's α 값은 표기하지 않았다.

표 5-7 TAM 요인의 신뢰성 분석

요인(변수)	요인수준(변인)	평균	표준편차	변인 제거된 Cronbach's α
사용편의지각	제반지식 불필요	2.8397	.9835	.6444
	도움 불필요	2.8587	.9441	.3915
	수고 불필요	2.8888	.8714	.4810
Cronbach's α =0.6138				N=2427
유용성지각	효과 상승	3.3082	.7893	.7095
	시간 단축	3.4569	.8657	.5776
	비용단축	3.3465	.8536	.6432
Cronbach's α =0.7329				N=2,427

TAM 요인의 신뢰성 분석에서도 표준화된 Cronba's α 값이 비교적 높게 나타났다. 그러나 사용편의지각의 각 변인들을 제거했을 때 Cronba's α 값에서 제반지식 불필요의 변인을 제거했을 때 더 높은 Cronba's α 값을 가졌지만 본 연구의 분석을 위해 필요한 변인이며 그다지 차이를 보이지 않음으로 제거하지 않았다.

표 5-8 고객행동 및 TAM 변수의 신뢰성 분석

요인(변수)	요인수준(변인)	평균	표준편차	변인 제거된 Cronbach's α
다운로드형	S/W	2.9485	1.0549	.7560
	MP3	3.0622	1.1051	.7587
	e-Book	2.7321	1.0844	.7548
컨텐츠형	원격교육	2.5796	1.1618	.7664
	원격진단 및 문의서비스	2.6612	1.0290	.7616
	지도 및 증권정보	2.8285	1.1023	.7565
하이브리드형	AOD & MOD	3.1434	1.0875	.7519
	티켓예매	3.3681	1.1175	.7578
	홈뱅킹 및 홈트레이드	3.3306	1.1846	.7630
	온라인 게임	3.2597	1.1208	.7717
Cronbach's α =.7784				N=2,427

그리고 디지털 상품의 구매 및 이용에 대한 고객행동의 변인들의 Cronba's α 값도 비교적 높게 나타났으며 각 변인들을 제거했을 때 Cronba's α 값보다 표준화된 Cronba's α 값이 보다 높게 나타났으므로 변인을 제거하지 않고도 높은 신뢰성을 가질 수 있었다.

3. 수정연구모형 및 가설에 따른 분석방법

(1) 수정된 연구모형

본 연구가 탐색적 연구임을 감안할 때, 가설검정을 하기에 앞서서 신뢰성 분석과 타당성 분석에서 나온 결과가 초기에 설계된 모형과 선행연구들에서의 요인구조와 다른 차이를 보이게 됨에 따라 이들의 결과를 바탕으로 설계된 모형을 수정하였다. 초기 모형의 수정은 다음과 같다.

먼저, 종속변수인 '디지털 상품의 구매 및 이용에 대한 고객수용'을 다운로드형, 익스피리언스형, 그리고 하이브리드형으로 명명하여 각각의 요인을 구성하였으나 디지털 상품에 대한 사용자 인식에서 연구자와 디지털 사용자 간의 다소 차이를 보이는 상품들을 제거하여 속성별 상품의 구별이 좀더 명확하게 할 필요가 있었다. 다음 〈그림 5-8〉부터 〈그림 5-13〉은 고객들이 인식하는 디지털 상품에서 중요시되는 상품 속성에 대한 분포도이다.

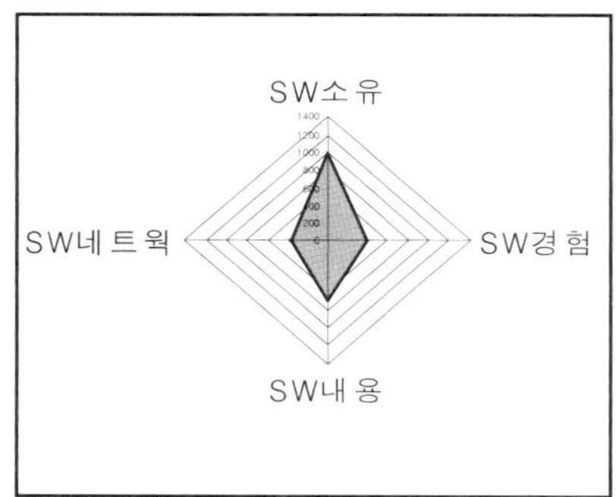

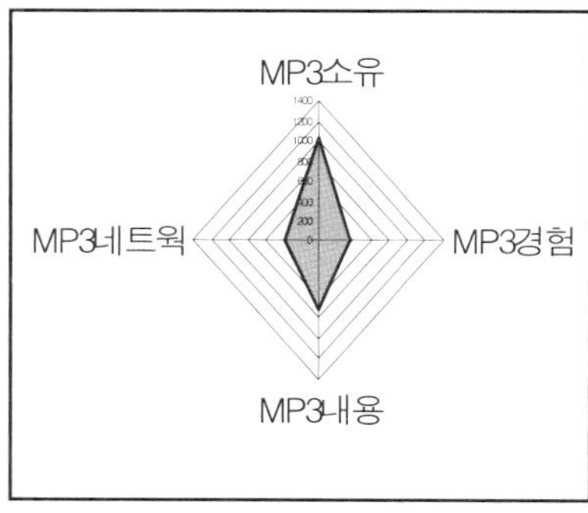

■ 그림 5-8 S/W와 MP3의 속성별 중요도 사용자 인식

S/W와 MP3의 경우, 초기의 모델인 〈그림 2-6〉의 매트릭스와 같이 소유 속성의 강도가 강했다. 특히 MP3의 경우, 내용(컨텐츠) 속성의 강도가 함께 강하게 나타났다.

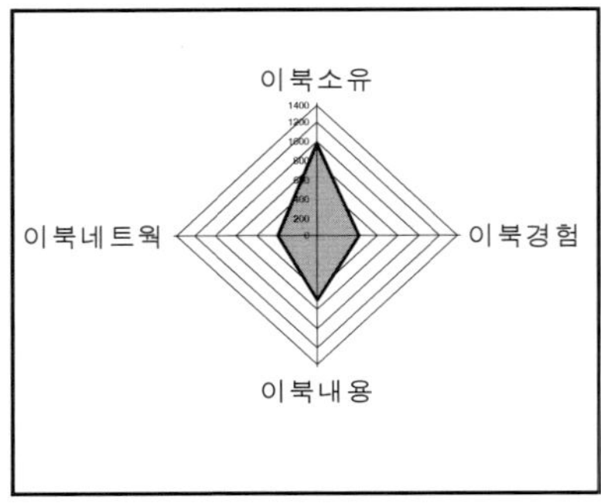
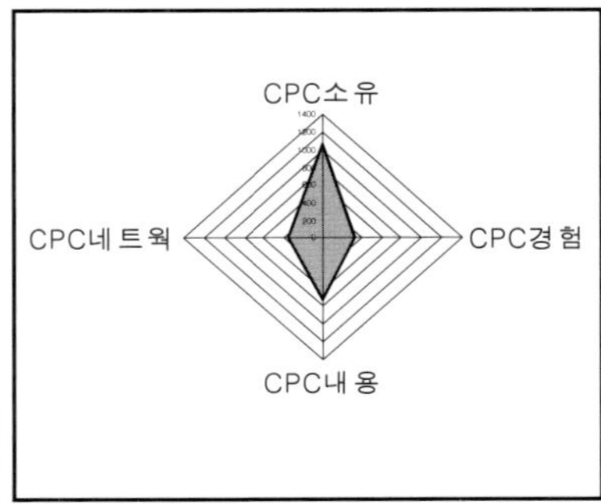

■ 그림 5-9 CPC와 e-Book의 속성별 중요도 사용자 인식

CPC(Cellular Phone Contents)와 e-Book의 경우, S/W와 MP3과 같이 소유 속성이 강했다. 그러나 응답자들이 일회성에 그치는 경험 속성에 대한 강도를 중요시한 것은 보편적으로 사용되지 않는 e-Book에 대한 개념이 정확하게 전달되지 않은 것으로 판단된다.

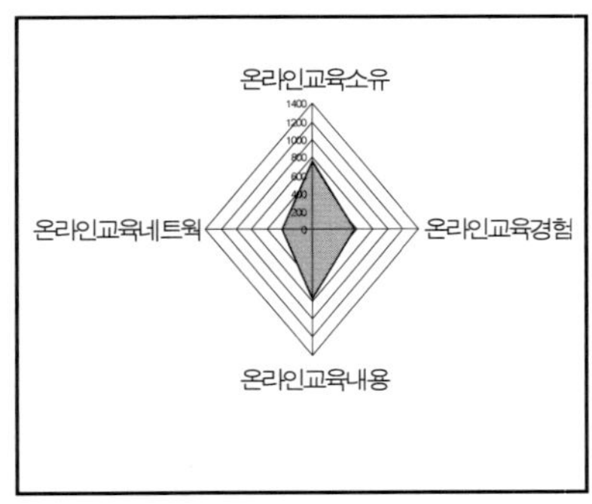
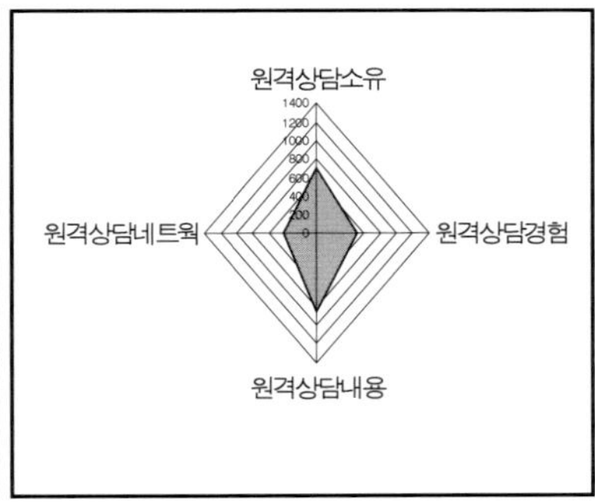

■ 그림 5-10 온라인 교육과 원격상담의 속성별 중요도 사용자 인식

온라인 교육과 원격상담 및 문의서비스는 예상대로 내용과 경험 속성에 대한 강도가 현저하게 높이 나타났다.

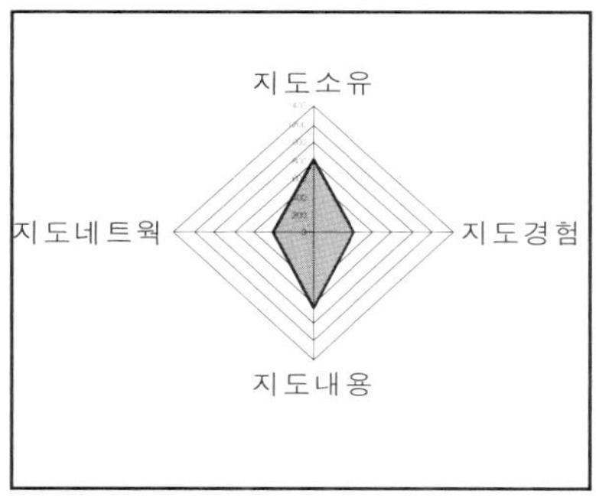
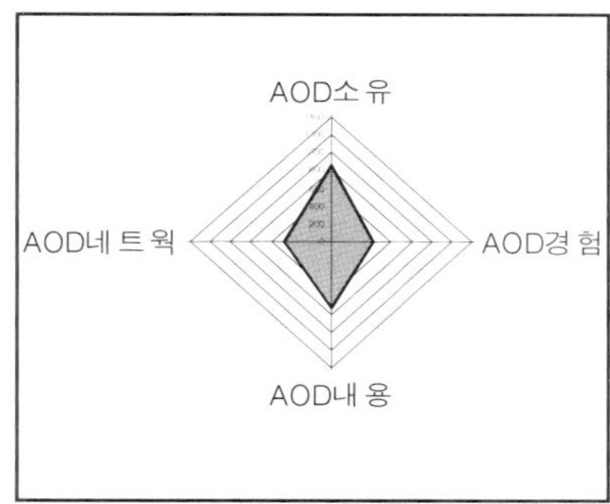

■ 그림 5-11 지도 및 증권정보와 AOD & MOD의 속성별 중요도 사용자 인식

지도와 AOD & MOD(Audio On Demand & Movie On Demand)의 상품의 경우, 지도는 내용과 소유 속성에서 다소 강하게 나타났으며 AOD & MOD는 소유와 내용의 속성이 강하게 나타났다. 이것은 네트워크 종속성과 소유에 대한 디지털 상품의 이해도가 아직 응답자들에게는 낮은 것으로 판단된다.

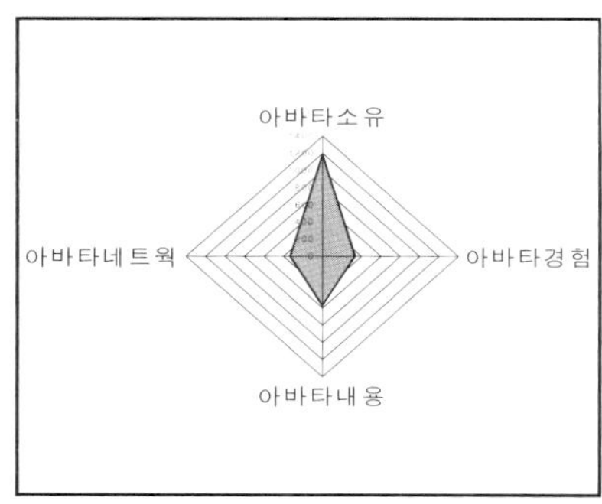
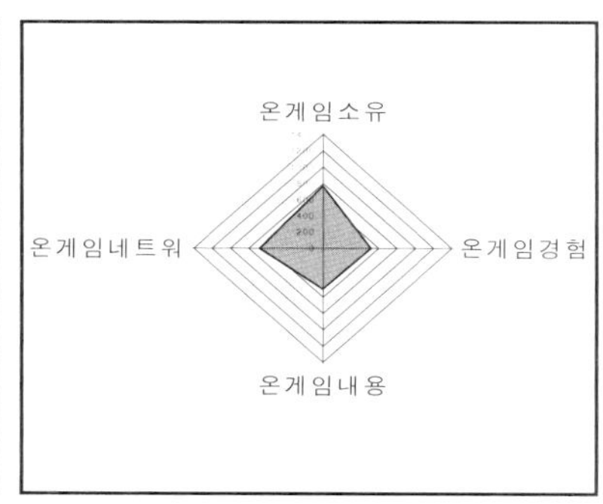

■ 그림 5-12 아바타 및 온라인 게임의 속성별 중요도 사용자 인식

초기 모델과는 달리 아바타에 대한 사용자의 디지털 상품의 중요 속성의 인식은 소유 속성이 강하게 나타났다. 따라서 사용자들은 아바타 상품을 핸드폰 등에 다운로드받아 사용하는 상품으로 인식하여 응답한 것으로 판단된다. 그러나 온라인 게임은 네트워크에 대한 종속성과 경험 속성이 강하게 나타나 속성별 구분이 명확한 상품으로서 초기 모델을 확인해 주었다.

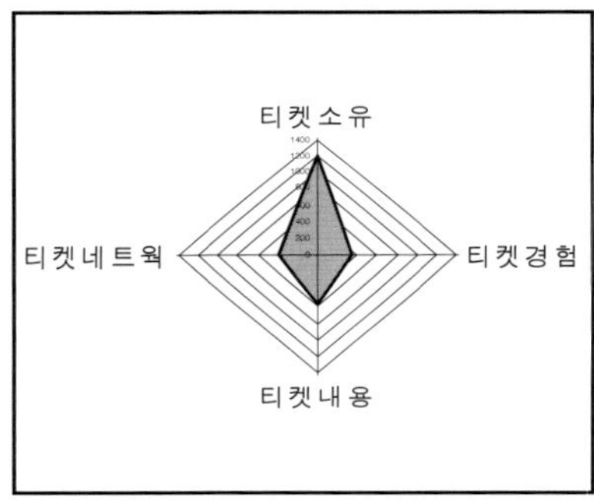

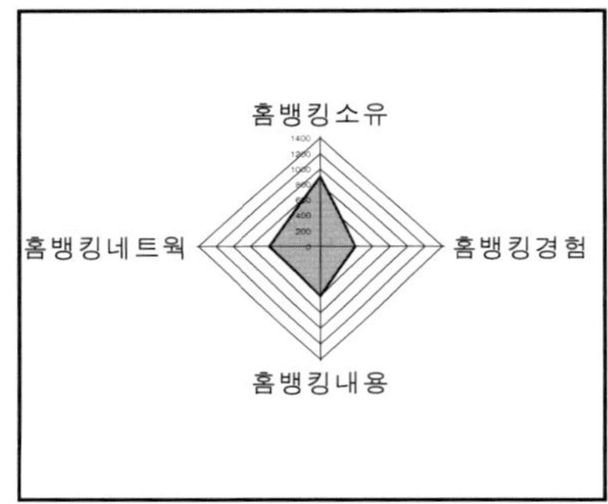

■ 그림 5-13 티켓팅 및 홈뱅킹의 속성별 중요도 사용자 인식

티켓예매와 홈뱅킹의 경우, 소유의 속성이 강하게 나타나 응답자들이 티켓예매를 S/W 등과 같은 다운로드형 상품으로 인식하고 있음을 알 수 있다. 그러나 홈뱅킹은 네트워크에 대한 종속성이 강하게 나타나 온라인 게임과 같이 네트워크에 대한 종속성이 강한 디지털 상품으로 구분할 수 있다.

위와 같은 사용자의 디지털 상품에 대한 중요성의 인식과 초기 매트릭스 모델에서 제시한 구분을 조합하고 속성별 상품구분을 하여 명칭을 좀더 구체적으로 변경할 수 있었다. 변경된 속성별 상품의 구분은 〈표 5-9〉과 같다. 그러나 응답자들의 인식에 따라 상품 구분 속성에 포함시키기에 무리가 있는 상품은 제거하였다. 제거된 상품은 네트워크형 상품의 아바타와 CPC이다. 제거된 이유는 CPC 의 경우, 인터넷을 사용하기는 하지만 핸드폰을 통한 디지털 상품 으로서 본 연구에 다소 적합하지 않으며, 아바타는 사용자의 인식 에서 네트워크형 상품에 포함시키기에는 속성 인식이 현저한 차이 를 보이기 때문이다.

■ 표 5-9 수정된 변수명의 구분

변경 전 종속변수	변경 후 종속변수	속성별 상품구성
다운로드형 상품	다운로드형 상품	SW, MP3, e-Book
익스피리언스형 상품	네트워크형 상품	AOD & MOD, 티켓예매, 홈뱅킹 & 홈트레이딩, 온라인 게임
하이브리드형 상품	컨텐츠형 상품	원격진단 및 법률상담, 원격교육, 지도

이와 같은 과정을 통하여 최종적으로 수정된 연구모형은 아래의 〈그림 5-6〉과 같으며 이후 가설검정과정은 수정된 모형을 통하여 진행되었다.

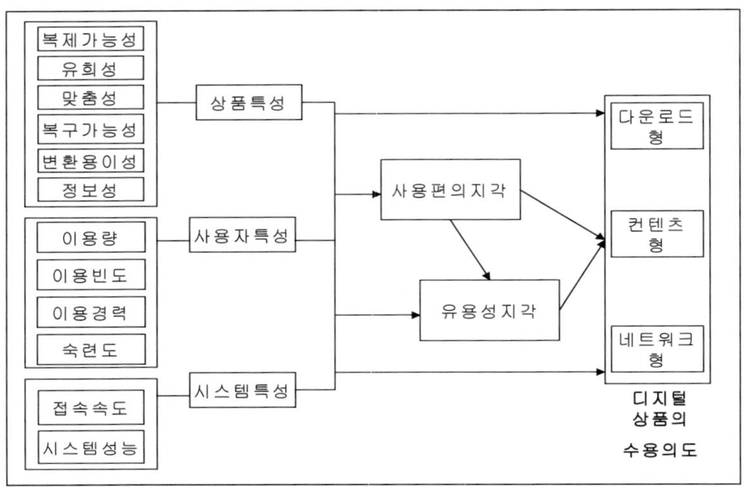

▌그림 5-14 수정된 연구모형

(2) 연구가설에 따른 분석방법

본 연구는 구조방정식 모형(SEM: Structural Equation Model)을 사용하여 경로분석에 따른 영향요인을 정량적으로 알아보고자 하였다. 구조방정식 모형은 요인분석과 회귀분석이 결합된 형태로서 확인요인분석을 통해서 측정오차(measurement error)가 없는 잠재요인(latent factor)을 발견하고 회귀분석으로 잠재요인 사이를 연결하는 방법을 사용한다(김계수, 2001). 경로분석(path analysis)이란 몇 개의 변수 간에 어떠한 방향성을 가진 인과모형을 설정하고 연결하는 경로의 영향도를 정량적으로 추정하는 것으로 인과관계가 있다고 생각되는 변수에 선형회귀식을 상정한다. 즉 인과관계의 수와 같은 만큼의 설명방정식이 만들어지며, 이를 데이터에 의해서 회귀계수(또는 경로계수)를 추정하여 인과관계의 강도를 추정한다(노형진, 2002).

구조방정식 모델을 위해 분석도구로 사용된 프로그램은 AMOS 4.0이며, 상품 특성과 사용자 특성, 시스템 특성 그리고 종속변수인 다운로드형, 네트워크형, 그리고 컨텐츠형의 변수들은 요인분석으로 요인점수를 얻어 회귀분석에 사용하였다. 다음의 〈표 5-10〉부터 〈표 5-17〉에서 연구가설에 따른 분석경로를 제시하였다.

■ 표 5-10 가설 Ⅰ의 주요 분석경로

	연구가설	주요 분석경로(경로계수)
가설 Ⅰ	디지털 상품 특성은 사용편의지각 및 유용성지각에 유의한 영향을 미친다.	
H1-1	디지털 상품 특성은 사용편의지각에 유의한 영향을 미친다.	상품 특성 —〉사용편의지각 (r1-1)
H1-2	디지털 상품 특성은 유용성지각에 유의한 영향을 미친다.	상품 특성 —〉유용성지각 (r1-2)

■ 표 5-11 가설 Ⅱ의 주요 분석경로

	연구가설	주요 분석경로
가설 Ⅱ	디지털 상품 사용자의 특성은 사용편의지각 및 유용성지각에 유의한 영향을 미친다.	
H2-1	디지털 상품 사용자의 특성은 사용편의지각에 유의한 영향을 미친다.	사용자 특성 —〉사용편의지각 (r2-1)
H2-2	디지털 상품 사용자의 특성은 유용성지각에 유의한 영향을 미친다.	사용자 특성 —〉유용성지각 (r2-2)

■ 표 5-12 가설 Ⅲ의 주요 분석경로

	연구가설	주요 분석경로
가설 Ⅲ	시스템 특성은 사용편의지각 및 유용성지각에 유의한 영향을 미친다.	
H3-1	시스템 특성은 사용편의지각에 유의한 영향을 미친다.	사용자 특성 —〉사용편의지각 (r3-1)
H3-2	시스템 특성은 유용성지각에 유의한 영향을 미친다.	사용자 특성 —〉유용성지각 (r3-2)

■ 표 5-13 가설 Ⅳ의 주요 분석경로

	연구가설	주요 분석경로
가설 Ⅳ	사용편의지각은 유용성지각과 디지털 상품의 구매 및 이용에 대한 수용에 유의한 영향을 미친다.	
H4-1	사용편의지각은 유용성지각에 유의한 영향을 미친다.	사용편의지각 —〉유용성지각 (r4-1)
H4-2	사용편의지각은 디지털 상품의 구매 및 이용에 대한 수용에 유의한 영향을 미친다.	사용편의지각 —〉디지털 상품의 구매 및 이용에 대한 수용(r4-2)
H4-3	사용편의지각은 다운로드형 디지털 상품의 구매 및 이용에 대한 수용에 유의한 영향을 미친다.	사용편의지각 —〉다운로드형 디지털 상품의 구매 및 이용에 대한 수용(r4-3)
H4-4	사용편의지각은 컨텐츠형 디지털 상품의 구매 및 이용에 대한 수용에 유의한 영향을 미친다.	사용편의지각 —〉컨텐츠형 디지털 상품의 구매 및 이용에 대한 수용(r4-4)
H4-5	사용편의지각은 네트워크형 디지털 상품의 구매 및 이용에 대한 수용에 유의한 영향을 미친다.	사용편의지각 —〉네트워크형 디지털 상품의 구매 및 이용에 대한 수용(r4-5)

■ 표 5-14 가설 Ⅴ의 주요 분석경로

	연구가설	주요 분석경로
가설 Ⅴ	유용성지각은 디지털 상품의 구매 및 이용에 대한 수용에 유의한 영향을 미친다.	
H5-1	유용성지각은 디지털 상품의 구매 및 이용에 대한 수용에 유의한 영향을 미친다.	유용성지각 —〉디지털 상품의 구매 및 이용에 대한 수용(r5-1)
H5-2	유용성지각은 다운로드형 디지털 상품의 구매 및 이용에 대한 수용에 유의한 영향을 미친다.	유용성지각 —〉다운로드형 디지털 상품의 구매 및 이용에 대한 수용(r5-2)
H5-3	유용성지각은 컨텐츠형 디지털 상품의 구매 및 이용에 대한 수용에 유의한 영향을 미친다.	유용성지각 —〉컨텐츠형 디지털 상품의 구매 및 이용에 대한 수용(r5-3)
H5-4	유용성지각은 네트워크형 디지털 상품의 구매 및 이용에 대한 수용에 유의한 영향을 미친다.	유용성지각 —〉네트워크형 디지털 상품의 구매 및 이용에 대한 수용(r5-4)

■ 표 5-15 가설 Ⅵ의 주요 분석경로

	연구가설	주요 분석경로
가설 Ⅵ	사용자 특성은 디지털 상품의 구매 및 이용에 대한 수용에 유의한 영향을 미친다.	
H6-1	사용자 특성은 디지털 상품의 구매 및 이용에 대한 수용에 유의한 영향을 미친다.	사용자 특성 —〉디지털 상품의 구매 및 이용에 대한 수용(r6-1)
H6-2	사용자 특성은 다운로드형 디지털 상품의 구매 및 이용에 대한 수용에 유의한 영향을 미친다.	사용자 특성 —〉다운로드형 디지털 상품의 구매 및 이용에 대한 수용(r6-2)
H6-3	사용자 특성은 컨텐츠형 디지털 상품의 구매 및 이용에 대한 수용에 유의한 영향을 미친다.	사용자 특성 —〉컨텐츠형 디지털 상품의 구매 및 이용에 대한 수용(r6-3)
H6-4	사용자 특성은 네트워크형 디지털 상품의 구매 및 이용에 대한 수용에 유의한 영향을 미친다.	사용자 특성 —〉네트워크형 디지털 상품의 구매 및 이용에 대한 수용(r6-4)

■ 표 5-16 가설 Ⅶ의 주요 분석경로

	연구가설	주요 분석경로
가설 Ⅶ	상품 특성은 디지털 상품의 구매 및 이용에 대한 수용에 유의한 영향을 미친다.	
H7-1	상품 특성은 디지털 상품의 구매 및 이용에 대한 수용에 유의한 영향을 미친다.	상품 특성 ─〉디지털 상품의 구매 및 이용에 대한 수용(r7-1)
H7-2	상품 특성은 다운로드형 디지털 상품의 구매 및 이용에 대한 수용에 유의한 영향을 미친다.	상품 특성 ─〉다운로드형 디지털 상품의 구매 및 이용에 대한 수용(r7-2)
H7-3	상품 특성은 컨텐츠형 디지털 상품의 구매 및 이용에 대한 수용에 유의한 영향을 미친다.	상품 특성 ─〉컨텐츠형 디지털 상품의 구매 및 이용에 대한 수용(r7-3)
H7-4	상품 특성은 네트워크형 디지털 상품의 구매 및 이용에 대한 수용에 유의한 영향을 미친다.	상품 특성 ─〉네트워크형 디지털 상품의 구매 및 이용에 대한 수용(r7-4)

■ 표 5-17 가설 Ⅷ의 주요 분석경로

	연구가설	주요 분석경로
가설 Ⅷ	시스템 특성은 디지털 상품의 구매 및 이용에 대한 수용에 유의한 영향을 미친다.	
H8-1	시스템 특성은 디지털 상품의 구매 및 이용에 대한 수용에 유의한 영향을 미친다.	시스템 특성 ─〉디지털 상품의 구매 및 이용에 대한 수용(r8-1)
H8-2	시스템 특성은 다운로드형 디지털 상품의 구매 및 이용에 대한 수용에 유의한 영향을 미친다.	시스템 특성 ─〉다운로드형 디지털 상품의 구매 및 이용에 대한 수용(r8-2)
H8-3	시스템 특성은 컨텐츠형 디지털 상품의 구매 및 이용에 대한 수용에 유의한 영향을 미친다.	시스템 특성 ─〉컨텐츠형 디지털 상품의 구매 및 이용에 대한 수용(r8-3)
H8-4	시스템 특성은 네트워크형 디지털 상품의 구매 및 이용에 대한 수용에 유의한 영향을 미친다.	시스템 특성 ─〉네트워크형 디지털 상품의 구매 및 이용에 대한 수용(r8-4)

제3절 연구변수의 기술통계량과 변수 간의 상관관계

1. 기술통계량

본 연구에서 사용된 상품 특성, 사용자 특성, 시스템 특성, 사용편의지각, 유용성지각, 각 디지털 상품에의 고객수용의 변수들에 대해 등간척도를 가정하여 5점 리커드 척도로 측정된 기술통계량(descriptive statistics)을 〈표 5-18〉과 같이 요약하였다.

■ 표 5-18 측정변수별 기술통계량

측정변수		표본	최소	최대	평균	표준편차	분산
상품 특성	복제가능성	2,427	1	5	3.60	.95	.907
	유희성	2,427	1	5	3.56	.85	.731
	맞춤성	2,427	1	5	3.11	.84	.710
	복구가능성	2,427	1	5	3.05	.92	.854
	변환용이성	2,427	1	5	3.12	.87	.760
	정보성	2,427	1	5	3.36	.87	.760
사용자 특성	이용량	2,427	1	5	2.93	1.02	1.045
	이용빈도	2,427	1	5	3.33	1.31	1.705
	이용경력	2,427	1	5	2.90	1.25	1.562
	익숙도	2,427	1	5	3.18	.94	.882
다운로드 형상품	SW	2,427	1	5	2.95	1.05	1.113
	MP3	2,427	1	5	3.06	1.11	1.221
	e-Book	2,427	1	5	2.73	1.08	1.176
	AOD & MOD	2,427	1	5	3.14	1.09	1.183
	티켓예매	2,427	1	5	3.37	1.12	1.249
	홈뱅킹 & 홈트레이딩	2,427	1	5	3.33	1.18	1.403
	온라인 게임	2,427	1	5	3.26	1.12	1.256

	측정변수	표본	최소	최대	평균	표준편차	분산
컨텐츠형상품	원격진단 및 문의서비스	2,427	1	5	2.66	1.03	1.059
	원격교육	2,427	1	5	2.58	1.16	1.350
	지도 및 증권정보 서비스	2,427	1	5	2.83	1.10	1.215
사용편의지각	제반지식 불필요	2,427	1	5	2.84	.98	.967
	도움 불필요	2,427	1	5	2.86	.94	.891
	수고 불필요	2,427	1	5	2.89	.87	.759
유용성지각	성과 향상	2,427	1	5	3.31	.79	.623
	시간 단축	2,427	1	5	3.46	.87	.749
	비용 단축	2,427	1	5	3.35	.85	.729

2. 각 변수 간의 상관관계

본 연구에 사용되는 변수들 간의 상관관계를 측정하여 다중공선성(multicollonearity) 문제를 살피기 위해서 피어슨 상관분석을 실시하였다. 다중공선성이란 다중회귀분석에서 독립변수 간의 상관관계가 존재하는 것을 의미한다. 회귀식은 독립변수가 많이 투입될수록 작아져 회귀식의 정도는 높아진다. 그러므로 다중공선성이 높은 변수는 제거되어야 한다(강병서 외, 2001). 다중공선성을 검사하기 위해서는 공차한계(Tolerance)를 사용하는 데 최댓값은 1이며 각 변수의 공차한계는 대체로 높게 나타나 다중공선성 문제를 일으키지는 않았다.

■ 표 5-19 각 측정변수 간의 상관관계

변수명	사용자 특성	상품 특성	시스템 특성	사용편의지각	유용성지각
사용자 특성	1.000				
상품 특성	.000	1.000			
시스템 특성	.000	.000	1.000		
사용편의지각	.068**	.105**	.043*	1.000	
유용성지각	.165**	.0428**	.169**	−.001	1.000

* 95% 유의 수준. ** 99% 유의수준

제4절 가설의 검정

1. 척도 및 모형의 적합성 분석

척도의 적합성을 검증하기 위해서 일반적으로 확인요인분석 (Confirmatory Factor Analysis)을 실시하나 이미 앞 절에서 SPSS 를 활용하여 주요인분석을 실행하였고, 본 연구는 이론적인 배경하 에서 변수들 간의 관계를 미리 설정해놓고 검증하는 확인요인분석 이 아니라 이론적으로 체계화되거나 정립되지 않은 연구모형을 탐 색적인 목적(exploratory objective)으로 검증하기 때문에 확인요인 분석을 거치지 않고 앞 절에서 행한 주요인분석을 토대로 경로분석 을 실시하였다.

가설의 검증을 위해서는 구조방정식 모형을 사용하였으며 구조방 정식 모형은 여러 가지 복합적인 인과관계를 동시에 관찰할 수 있다 는 측면에서 매우 유용한 가설검증도구로 사용되고 있다(김계수, 2000). 본 연구의 상품 특성과 사용자 특성, 그리고 시스템 특성이

사용편의지각과 유용성지각을 단계적으로 거쳐 디지털 상품의 속성
별 고객행동에 대한 인과관계를 살펴보는 데 적절한 방법이다. 구조
방정식 모형의 적합도 분석결과는 다음 〈표 5-20〉과 같다.

■ 표 5-20 구조방정식 모형의 적합도 분석

적합도 지수	정의	권고 기준	연구모델
표본의 수	–	150–200 혹은 미지수 (73개)의 5–10배	2,427
Chi-square	전반적인 부합도	Chi-square 값은 작고 동시에 자유도에 근접할수록 좋음	235.267 (자유도=16)
P Value	Chi-square의 유의수준	0.05 이하	0.000
RMR	재생산공분산과 분석공분산 자료와의 차이	0.05 이상	0.052
기초부합지수 (GFI)	실제자료와 비교한 예측자료의 제곱잔차	0.90 이상	0.978
조정부합지수 (AGFI)	자유도에 따라 GFI를 수정한 지표	0.90 이상	0.950
표준부합지수 (NFI)	영모델과 제안모델 간의 차이를 표준화한 상대적 적합도	0.90 이상	0.912

본 연구모형의 Chi-square 값은 235.267이며 자유도는 16인 것으
로 나타났다. 일반적으로 Chi-square 통계량이 만족스럽지 못할 경
우에는 기초부합지수(GFI)가 0.9보다 크고, 수정부합지수(AGFI)가
0.8보다 크며 근사 평균제곱근오차(RMSR)가 0.1(본 연구에서는
0.075)보다 작아야 적합한 모형이라고 할 수 있다(Hayduk, 1987).
우선, Chi-square 값과 관련된 P값은 0.000으로 신뢰할 수 있게 나
타났으며 표본의 수가 권고 기준 이상을 충족시키고 있기 때문에

신뢰할 수 있다. 또한 모형 적합도 지수인 GFI(Goodness-of-Fit Index)는 0.978로 적합하게 나타났다. 그리고 생산 공분산과 기초 공분산 자료와의 차이를 나타내는 원소 간 평균 차이(RMR: Root Mean Square Residual)는 0.052로 권고 기준을 약간 상회하고 있다. 연구모형을 영모델(nul model)과 비교할 때 나타나는 모델의 중분 부합도를 의미하는 NFI (Normed Fit Index)는 0.912로서 권고 기준을 약간 상회하며 전반적인 적합도가 유의하게 나타났다.

이상의 적합도 지수로 판단하면 본 탐색적 연구에서 제안한 모형이 권고 기준을 만족시키기는 하지만 아주 이상적인 모형은 아니라고 할 수 있다. 하지만 본 연구를 위한 모형이 가설검정에 사용되는 데 문제는 없는 것으로 보며 가설을 검정하였다.

2. 가설의 검정

가설검정을 위한 모형의 추정 결과와 이에 대한 가설의 채택 및 기각은 가설 채택 여부를 나타내는 기각비(C.R: Critical Ratio)의 값을 1.96 이상으로 설정하여 결정하였다. 기각비는 인과계수를 표준오차로 나눈 것으로 95% 유의수준으로 가설을 검증할 때 1.96보다 크면 유의하다고 본다(노형진. 2002).

■ 표 5-21 가설 Ⅰ의 경로분석 결과

가설 Ⅰ	경로	경로계수	표준오차	기각비	채택 여부
H1-1	상품 특성 —〉사용편의지각(r1-1)	0.105	0.020	5.236	채택
H1-2	상품 특성 —〉유용성지각(r1-2)	0.435	0.018	24.468	채택

가설 Ⅰ에서 상품의 특성이 사용편의지각에 유의하게 영향을 미치고 있는 것으로 나타났으며 상품의 특성이 유용성지각에도 유의한 영향을 미치는 것으로 나타났다. 이러한 결과를 토대로 디지털 상품을 수용하는 데 별도의 수고로움을 느끼지 않는 이유에 디지털 상품의 특성이 기여한다고 볼 수 있다. 또한 디지털 상품의 사용으로 성과가 향상된다고 느끼는 데 무리가 없다는 인식을 하고 있다는 설명을 할 수 있다. 그러나 경로계수에서 보듯이 상품의 특성은 사용편의지각보다는 유용성에 좀더 많은 영향을 미치고 있었으며 이것으로 디지털 상품의 특성은 사용자들이 사용하는 데 불편하지는 않지만 좀더 사용성과에 무게를 두고 있음을 설명하고 있다.

■ 표 5-22 가설 Ⅱ 경로분석 결과

가설 Ⅱ	경로	경로계수	표준오차	기각비	채택 여부
H2-1	사용자 특성 —〉사용편의지각(r2-1)	0.068	0.020	3.382	채택
H2-2	사용자 특성 —〉유용성지각(r2-2)	0.169	0.018	9.552	채택

가설 Ⅱ은 H2-1, H2-1 가설이 모두 채택되었다. 사용자의 특성이 사용편의지각과 유용성지각에 모두 유의한 영향을 미치는 것으로 나타났다. 디지털 상품의 사용자 특성, 즉 개인의 이용경력, 이용량, 이용빈도, 숙련도의 특성이 디지털 상품을 사용하는 데 있어서 불편함으로 느끼지 않을 것이라는 인과관계를 설명하는 데 무리가 없으며 사용성과를 지각하는 데 있어서는 좀더 많은 영향을 미치는 것으로 나타났다. 정보시스템의 사용에 자신감이 있을수록 사용하기에 편리한 것보다 유용성의 인식이 강하다는 기존의 연구를 지지하는 것이다(Taylor et al., 1995; Igbarua, 1995; McFarland, 2000, Ruth, 2000). 이에 따라 기존의 연구들에서와 같이 경험에 따라 사용자가 느끼는 편의지각과 유용성의 인식은 긍정적인 것으로 검증되었다.

■ 표 5-23 가설 Ⅲ 경로분석 결과

가설 Ⅲ	경로	경로계수	표준오차	기각비	채택 여부
H3-1	시스템 특성 —〉 사용편의지각(r3-1)	0.043	0.020	2.138	채택(기각)
H3-2	시스템 특성 —〉 유용성지각(r3-2)	0.172	0.018	9.737	채택

* 괄호 안은 99% 유의수준

가설 Ⅲ은 시스템 특성이 사용편의지각과 유용성지각에 영향을 미치는 것을 측정하였다. 두 가지 경로가 모두 유의하게 나타났으나 99% 유의수준(기각비>2.58)에서는 사용편의지각은 기각되었다. 사용자가 디지털 상품을 사용하는 환경이 좋을수록 유용성에 대한 인식이 편리하다는 인식보다 높다는 것이다. 이것은 디지털 상품의 인식과 사용자의 사용 환경과는 거리가 있으며 상품 자체의 유용성이 편의성보다 강하게 작용하는 것으로 보인다. 결과적으로 시스템의 특성, 즉 사용자 시스템의 성능이나 네트워크 접속속도가 디지털 상품의 사용의 편의성과 디지털 상품의 성과 인식에는 모두 영향을 미치고 있었다.

▌표 5-24 가설 Ⅳ 경로분석 결과

가설 Ⅳ	경로	경로계수	표준오차	기각비	채택여부
H4-1	사용편의지각 —〉 유용성지각(r4-1)	-0.065	0.018	-3.664	기각
H4-2	사용편의지각 —〉 디지털 상품의 수용의도(r4-2)	0.075	0.016	4.645	채택
H4-3	사용편의지각 —〉다운로드형 디지털 상품의 수용의도(r4-3)	0.080	0.019	4.153	채택
H4-4	사용편의지각 —〉컨텐츠형 디지털 상품의 수용의도(r4-4)	0.083	0.020	4.141	채택
H4-5	사용편의지각 —〉네트워크형 디지털 상품의 수용의도(r4-5)	0.059	0.019	3.048	채택

* 괄호 안은 99% 유의수준

가설 Ⅳ는 사용편의지각이 유용성지각과 디지털 상품의 구매 또는 이용에 따른 고객수용에 영향을 미치는 것을 검정하는 가설이다. 사용편의지각에 의해서 디지털 상품 또는 정보기술에 대한 수용의도에 영향을 준다는 것은 유의하게 나타났다. 또한 개별적인 상품군인 다운로드형 디지털 상품, 컨텐츠형 디지털 상품과 네트워크형 디지털 상품에도 관계가 유의하게 나타났다. 그러나 Davis (1989)의 TAM에서 주장한 대로 사용편의지각이 유용성지각에 영향을 미친다는 것은 유의하지 않게 나타났다. 이것은 Davis(1989)의 주장과 배치되는 결과이지만 일부 연구자들은 사용편의지각이 유용성지각에 영향을 미치지 않는다고 보고하고 있다. 본 연구에서 크게 무게를 두지 않는 가설이므로 논의에서 제외하도록 한다. 사용편의지각이 디지털 상품의 수용의도에 미치는 영향은 대체로 경로계수가 높게 나타났으나 네트워크형 디지털 상품보다는 다운로드형과 컨텐츠형 디지털 상품이 보다 높게 나타났다($r_{4-3}=0.080$, $r_{4-4}=0.083 > r_{4-5}=0.059$).

■ 표 5-25 가설 Ⅴ 경로분석 결과

가설 Ⅴ	경로	경로계수	표준오차	기각비	채택여부
H5-1	유용성지각 —〉디지털 상품의 수용의도(r5-1)	0.279	0.017	16.119	채택
H5-2	유용성지각 —〉다운로드형 디지털 상품의 수용의도(r5-2)	0.290	0.019	14.988	채택
H5-3	유용성지각 —〉컨텐츠형 디지털 상품의 수용의도(r5-3)	0.162	0.020	8.106	채택
H5-4	유용성지각 —〉네트워크형 디지털 상품의 수용의도(r5-4)	0.307	0.019	15.888	채택

가설 Ⅴ는 유용성지각이 디지털 상품의 구매 또는 이용에 따른 고객수용에 영향을 미치는 것을 검정하는 가설이다. 전체적인 디지털 상품의 구매 또는 이용에 따른 고객수용뿐만 아니라 개별적인 상품군의 수용에도 유용성지각이 디지털 상품의 고객수용에 미치는 영향이 대단히 유의하게 나타났다. 특히 네트워크형과 다운로드형 디지털 상품에 대한 경로계수가 컨텐츠형 디지털 상품에 비하여 크게 나타나서 고객에게 유용성의 인식에 많은 차이가 있었다. 이것은 사용상의 시간이나 비용, 그리고 효과가 다운로드형이나 네트워크형 디지털 상품에 비하여 컨텐츠형 상품이 갖는 유용성을 상대적으로 적게 인식한다는 것을 의미한다.

■ 표 5-26 가설 Ⅵ 경로분석 결과

가설 Ⅵ	경로	경로계수	표준오차	기각비	채택여부
H6-1	사용자 특성 —)디지털 상품의 수용의도(r6-1)	0.153	0.019	8.119	채택
H6-2	사용자 특성 —)다운로드형 디지털 상품의 수용의도(r6-2)	0.125	0.027	6.497	채택
H6-3	사용자 특성 —)컨텐츠형 디지털 상품의 수용의도(r6-3)	0.072	0.020	3.613	채택
H6-4	사용자 특성 —)네트워크형 디지털 상품의 수용의도(r6-4)	0.154	0.019	8.194	채택

가설 Ⅵ부터는 독립변수에서 종속변수까지의 경로를 통한 간접효과가 아니라 독립변수가 종속변수에 미치는 직접효과를 측정하는 가설이다. 가설 Ⅵ는 독립변수 중 하나인 사용자 특성이 종속변수인 디지털 상품의 구매 또는 이용에 따른 고객수용에 영향을 미치는 것을 검정하는 가설이다. 전반적인 디지털 상품의 구매 또는 이용에 따른 고객수용에는 유의하게 나타났으나 개별 상품군에의 경로계수에서 다소 차이를 보였다. 컨텐츠형 디지털 상품은 사용자 특성이 다른 상품에 비하여 다소 낮게 나타났다($r_{6-2}=0.125$, $r_{6-4}=0.154 > r_{6-3}=0.072$). 이것은 사용자 특성, 즉 이용경력, 빈도, 숙련도 등이 컨텐츠형 디지털 상품의 수용에는 다른 상품에 비하여 상대적으로 적은 영향을 미친다고 설명할 수 있다.

■ 표 5-27 가설 Ⅶ 경로분석 결과

가설 Ⅶ	경로	경로계수	표준오차	기각비	채택여부
H7-1	상품 특성 ─〉디지털 상품의 수용의도(r7-1)	0.314	0.019	16.710	채택
H7-2	상품 특성 ─〉다운로드형 디지털 상품의 수용의도(r7-2)	0.265	0.027	13.819	채택
H7-3	상품 특성 ─〉컨텐츠형 디지털 상품의 수용의도(r7-3)	0.168	0.020	8.414	채택
H7-4	상품 특성 ─〉네트워크형 디지털 상품의 수용의도(r7-4)	0.307	0.019	16.323	채택

가설 Ⅶ는 독립변수 중 하나인 상품 특성이 종속변수인 디지털 상품의 구매 또는 이용에 따른 고객수용에 직접효과를 미치는 것을 검정하는 가설이다. 전반적인 디지털 상품의 구매 또는 이용에 따른 고객수용뿐만 아니라 개별 상품들의 경로도 모두 유의하게 나타났다. 그러나 상품 특성에서도 사용자 특성의 결과와 마찬가지로 컨텐츠형 디지털 상품의 구매 또는 이용에 따른 고객수용에는 상대적으로 적은 영향을 미치는 것으로 나타났다($g7\text{-}2=0.265$, $g7\text{-}4=0.307$ 〉$g7\text{-}3=0.168$).

표 5-28 가설 Ⅷ 경로분석 결과

가설 Ⅷ	경로	경로계수	표준오차	기각비	채택여부
H8-1	시스템 특성 —〉디지털 상품의 수용의도(r8-1)	0.144	0.019	7.641	채택
H8-2	시스템 특성 —〉다운로드형 디지털 상품의 수용의도(r8-2)	0.142	0.019	7.398	채택
H8-3	시스템 특성 —〉컨텐츠형 디지털 상품의 수용의도(r8-3)	0.050	0.020	2.487	채택 (기각)
H8-4	시스템 특성 —〉네트워크형 디지털 상품의 수용의도(r8-4)	0.154	0.019	8.161	채택

* 괄호 안은 99% 유의수준

마지막으로 가설 Ⅷ은 독립변수 중 하나인 시스템 특성이 종속변수인 디지털 상품의 구매 또는 이용에 따른 고객수용에 직접 영향을 미치는 것을 검정하는 가설이다. 전반적인 디지털 상품의 구매 또는 이용에 따른 고객수용뿐만 아니라 개별 상품들의 경로도 다른 가설에서와 마찬가지로 모두 유의하게 나타났다. 그러나 컨텐츠형 디지털 상품(H8-3)은 99% 유의수준에서는 가설이 기각되었으나 큰 의미는 부여하지 못한다. 시스템 특성에서도 사용자 특성, 상품 특성과 마찬가지로 컨텐츠형 디지털 상품의 구매 또는 이용에 따른 고객수용에는 상대적으로 적은 영향을 미치는 것으로 나타났다($r_{8-2}=0.142$, $r_{8-4}=0.154$〉$r_{8-3}=0.050$).

본 연구의 궁극적인 목적인 디지털 상품의 상품 속성별 채택 여부를 가설 Ⅳ에서부터 가설 Ⅷ까지 설명하였다. 앞서 가설 Ⅳ에서부터 증명한 대로 사용편의지각과 유용성지각으로 인해 정보기술로서의 디지털 상품을 수용하려는 영향요인을 상품 특성, 사용자 특성과 시스템 특성을 통해 알아보았다. 또한 이러한 간접효과 이외에 상품 특성과 사용자 특성 그리고 시스템 특성이 직접 디지털 상품의 수용에 영향을 미치고 있는지를 직접효과를 통하여 검증하였다. 이와 같은 영향경로(ri-i)가 실제로 속성에 따른 상품의 구매 또는 이용으로 이어지는지를 검정하고자 하였다.

결과를 보면 직접효과인 상품 특성, 사용자 특성, 시스템 특성은 거의 모두 유의하게 나타났으며 상품군별로 각각의 차이를 보이고 있었다. 그리고 간접효과를 통하여 디지털 상품을 수용하는 이유를 파악하려고 하였고 이에 따른 차이를 측정할 수 있었다. 가설의 검정을 모형으로 표시하면 다음의 〈그림 5-15〉부터 〈그림 5-18〉과 같이 나타낼 수 있다.

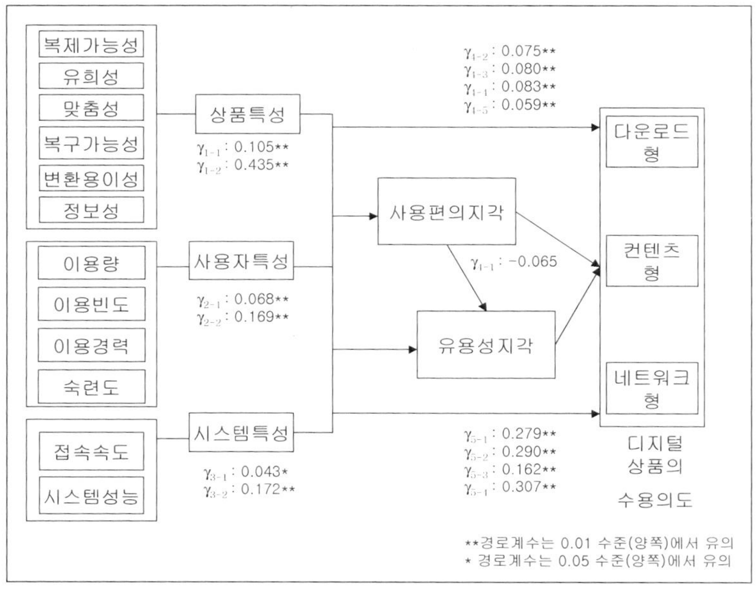

▌ 그림 5-15 연구모형의 측정결과 Ⅰ(간접경로)

〈그림 5-15〉는 구조방정식 모형에서 경로를 통한 간접효과를 나타낸 것이며 〈그림 5-16〉부터 〈그림 5-18〉까지는 독립변수의 종속변수에 대한 직접효과를 나타내어 정리한 것이다. 직접효과를 통하여 각 속성별 상품의 수용의도에 영향을 미치는 특성들을 직접 측정하고 간접효과를 통하여 수용의도에 미치는 경로계수를 보여주도록 하였다.

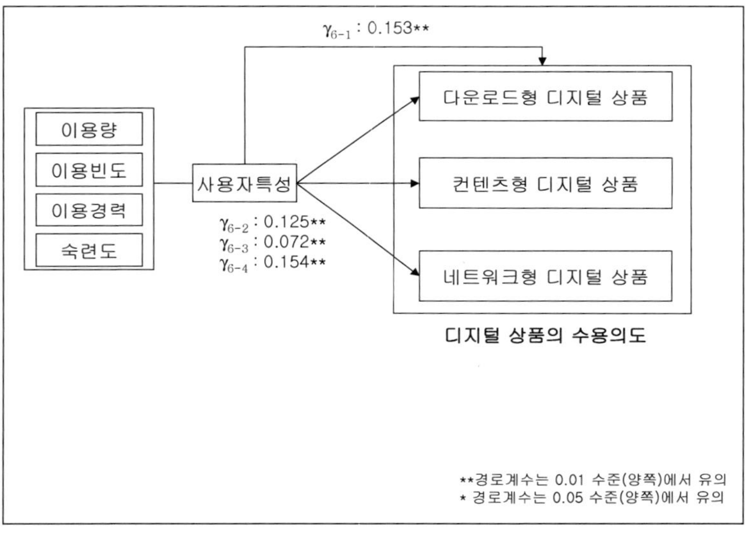

█ 그림 5-16 연구모형의 측정결과 Ⅱ(직접경로)

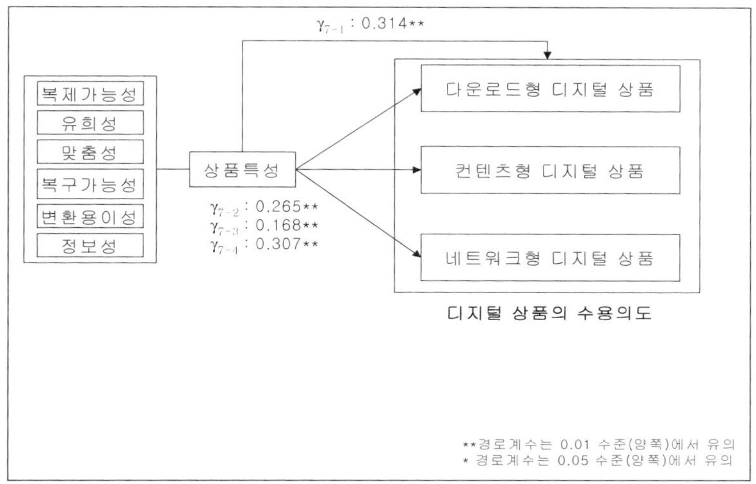

▌ 그림 5-17 연구모형의 측정결과 Ⅲ(직접경로)

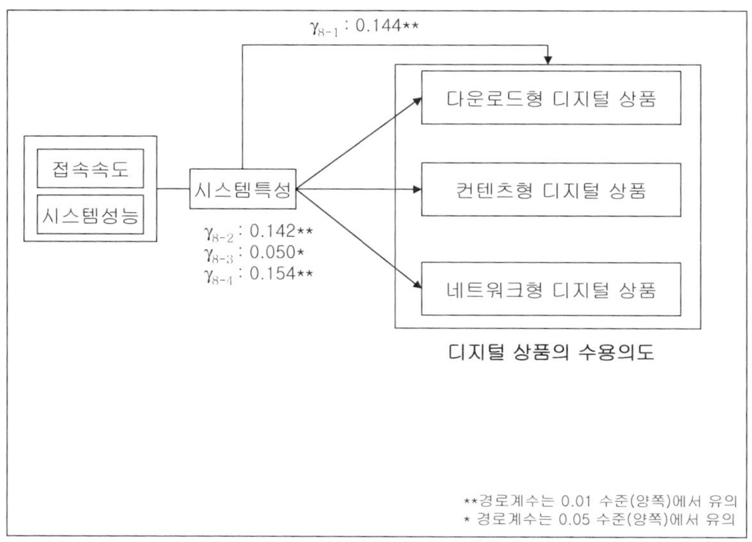

▌ 그림 5-18 연구모형의 측정결과 Ⅳ(직접경로)

제6장 결론 및 제언

제6장 결론 및 제언

제1절 연구의 요약 및 시사점

연구의 결과를 요약하면 다음과 같다. 본 연구는 디지털 상품을 정보기술의 하나로 전제하고 TAM을 활용하여 개인이 기술을 수용하려는 신념이나 태도에 따라서 디지털 상품을 구매 또는 이용, 즉 수용하려고 할 것이라는 가정에서 시작하였다. 좀더 나아가 디지털 상품은 물리적인 상품과는 달리 상품의 속성이 비슷하여 구분하기 어렵고 당연히 인터넷에 적합할 것이라고 인식하고 있기 때문에 상품의 속성을 분류하여 정의하고 속성별 디지털 상품에 따른 고객수용 요인을 찾고자 하였다. 즉 어떠한 속성의 디지털 상품이 좀더 고객수용이 높은지를 상품의 속성에 따른 고객의 선택하는지, 각 상품별로 어떤 우열을 갖는지 분석하였다. 또한 상품 특성과 이를 이용

하는 사용자 특성, 그리고 사용자가 갖춘 시스템의 특성이 기여하는
지 확인하고자 하였다. 하지만 기술수용모델에서 Davis(1989)가 제
시한 사용편의지각이 유용성지각에 영향을 준다는 사실을 지지하지
는 못하였다. 그럼에도 불구하고 본 연구의 모형이 기존의 TAM 연
구에서 수행된 결과를 대체로 지지하고 있기 때문에(Davis, 1989;
Agarwal, 2000) 본 연구에서 TAM모형을 적용한 디지털 상품의 수
용성 모형의 설명력은 충분하다고 판단된다. 특히 사용편의지각보다
는 유용성지각이 디지털 상품의 수용에 보다 많은 영향을 미치고 있
다는 것은 기존의 실증 연구들에서 유용성이 사용편의지각보다 정
보시스템 수용에 일관되게 강한 영향을 준다는 주장과 일치한다
(Chau, 1996; Davis, 1989; Straub, 1997; Subramanianm, 1994;
Szajna, 1996, Talyor et al., 1995). 우선, 독립변수인 각 사용자 특
성, 상품 특성, 시스템 특성이 사용편의지각과 유용성지각에 상당히
많은 영향을 미치고 있으며 대체로 사용편의지각보다는 유용성지각
에 많은 영향을 주었다. 이것은 아직까지 응답자들이 디지털 상품의
유용성은 인식하고 있지만 전반적인 사용에 대한 익숙함이나 편안
함을 갖지는 못하고 있다는 것을 의미한다.

두 번째, 사용편의지각이 각 속성별 디지털 상품에 대한 수용의
도에 미치는 영향은 유용성지각에 비하여 약하게 나타났다. 그러나
이것은 디지털 상품에 대한 단기적인 인식이라고 할 수 있는 유용
성지각과는 달리 사용편의지각이 장기적인 영향요인이라는 것으
로 말해 주고 있다. 그리고 각 속성별 상품에 대한 영향은 사용편
의지각과 유용성지각 모두 컨텐츠형 상품에 대한 영향이 다운로드
형, 네트워크형 상품에 비하여 다소 적게 나타났다(4-3=0.080,

4-4＝0.083〉 4-5＝0.059; 8-2＝0.142, 8-4＝0.154〉 8-3＝0.050). 이것은 각 상품 속성별 사용자의 수용의도가 다를 것이라는 초기 가설을 뒷받침해 준다. 이러한 사실은 독립변수별 상품 속성에 따른 직접효과에서 보다 분명하게 나타난다.

셋째, 디지털 상품에 대한 수용의도에 가장 많은 영향을 미치는 것은 상품 특성으로 이것은 다른 상품과는 달리 디지털 상품 자체가 갖는 효익으로 수용의도를 갖는다는 것을 말해 준다. 특히 각 독립변수별 수용의도가 높은 상품을 보면, 사용자 특성, 상품 특성, 시스템 특성 컨텐츠형 상품에 비해 상대적으로 다운로드형, 네트워크형 상품에 많은 영향을 주어 간접 경로효과를 지지해 주고 있다. 결론적으로 이러한 경로계수가 각 속성별 상품에 따라 각기 다른 영향을 준다는 것을 설명하였다.

위의 연구 결과는 다음과 같은 시사점을 제공하고 있다. 첫째, 현재까지 물리적인 상품의 비교수단으로만 사용되던 디지털 상품을 물리적인 상품처럼 디지털 상품도 속성에 따라 분류하여 비교할 수 있는 기준을 제공하였다. 둘째, 디지털 상품에 대한 학술적인 접근을 마케팅적인 측면에서 정보기술의 수용으로 바라보는 관점의 전환을 제공하였다. 디지털 상품을 컴퓨터, 전자우편과 같은 개인이 자발적으로 선택하고 사용하는 기술수용의 행동으로 설명하는 데 도움을 주고 다각적으로 디지털 상품에 접근할 수 있는 다양성을 제시하였다. 셋째, 디지털 상품을 판매 또는 서비스하는 인터넷 기업들에게 정보기술을 사용하는 개인의 특성과는 별개로 기술수용의 신념과 태도가 디지털 상품을 선택하는 데 영향을 준다는 정보를 제공해 주었다. 이것은 각 디지털 상품의 속성별로 다른 특성을 갖으며 디지털 상품을 통한 e-비즈니스 또한 좀더 세분화되어 상품의 속성을 활용하는 방향으로 수행하여야 한다는 의미이기도 하다.

제2절 연구의 한계 및 향후 연구방향

본 연구에서 나타난 결과와 이를 바탕으로 추정할 수 있는 의미들은 본 연구가 가지고 있는 한계로 인해서 조심스럽게 해석해야 할 것이며, 향후 연구에서는 보다 세심한 노력이 필요할 것으로 생각된다. 우선, 본 연구를 진행하기 위해 설계한 모형은 몇 가지 한계를 가지고 있으며 향후 연구방향은 다음과 같다. 첫째, 독립변수의 선정에 있어서 기술수용모델을 토대로 하였기 때문에 디지털 상품을 수용하려는 모든 수용요인을 포함하고 있다고 할 수는 없다. 따라서 향후 연구에서는 좀더 다양한 독립변수를 선정하여 검증하도록 고려하여야 할 것으로 본다. 둘째, TAM을 적용하여 고객행동을 살펴보는 것은 선행연구에서 이미 많은 노력이 있었으나 대부분 쇼핑행위 자체에 관련된 행동이었으며, 디지털 상품의 구매 또는 이용하는 행동을 대상으로 한 직접적인 연구는 없었다는 것이다. 이에 따라 본 연구에서는 사용편의지각과 유용성지각에 대한 종속변수로 고객수용을 두었다. 그러나 대체로 기존 연구들에서는 고객행동의 매개변수로서 고객만족과 같은 심리적, 행위적 변수를 사용한다. 그러므로 고객의 디지털 상품의 구매 또는 이용이라는 종속변수를 구체적으로 규명하기 위해서는 TAM에서 사용편의지각 및 유용성지각과 고객수용이라는 변수 사이에서 대한 좀더 명확한 관계설정이 필요로 하리라 생각된다.

셋째, 종속변수로 설정한 속성별 상품군에서 몇몇 상품을 제외하고는 대표성을 갖는 뚜렷한 상품이 부족하였다. 그러므로 향후 연구에서는 물리적인 상품의 구분과 같이 디지털 상품의 속성에서 대표성을 갖는 구분이 필요로 할 것으로 사료된다.

넷째, 응답자들은 대체로 인터넷에 익숙하고 이에 따라 디지털 상품을 자주 접할 기회가 많았지만 개인별로 선호하는 디지털 상품과 사용경험에서의 차이가 있을 것으로 판단되기 때문에 수용반응에 따른 차이도 분명 존재하리라 생각된다. 따라서 향후 연구에서는 보다 사전적인 통제가 요구된다.

끝으로 편의적으로 설정한 응답자들을 대상으로 한 연구이기 때문에 모든 디지털 상품의 사용자로 일반화하기에는 조금 무리가 있다. 하지만 본 연구에서 수행된 모형을 통하여 인구통계학적 특성에 따라서 향후 연구가 수행된다면 보다 일반적인 결론을 이끌어 낼 수 있을 것으로 본다.

Reference

● 국내 학술지

구동모, 정종덕, "인터넷쇼핑매체사용태도의 선행변수 고찰", *마케팅관리연구*, 제6권 제3호, 2001, pp.27-63.

김상용, 박성용, "전자상거래에서의 구매의도 결정영향요인에 관한 연구", *한국 소비자학회 소비자학연구지*, 제10권 제3호, 1999, pp.45-66.

김봉현, "사이버스페이스에서의 성공적인 마케팅 플래닝을 위한 가이드라인", *Marketing Communications*, Summer, pp.72-73.

김성언, 나선영, "전자상거래 기업의 성공을 위한 소비자 구매의도 영향요인 분석", *경영정보학연구*, 제10권, 제3호, 2000, pp.61-75.

김종기, 정용우, 박선영, "사례연구를 통한 사이버쇼핑몰의 성공요인 분석", *한국 정보시스템학회 춘계학술대회*, 2000, pp.99-105.

김창수, 이후암, "디지털 상품의 전자상거래에 관한 사례 연구: 국내 온라인 디지털 음악전송 서비스를 중심으로", *한국경영정보학회지*, 2000, pp.217-230.

김훈, 권순일, "인터넷사용자의 라이프스타일과 구매의사결정에 관한 탐색적 연구", *경영학연구*, 제28권 제2호, 1999년 5월, pp.353-371.

김효근, 권서영, 강소라, "전자상거래에서 디지털 제품과 물리적 제품의 소비자채택에 대한 실증연구: 거래비용이론 관점에서", *한국마케팅저널*, 제3권 4호, 2002, pp.1-15.

나광윤, "전자상거래에 대한 사용자 만족요인 연구", *한국정보전략학회지*, 1999, 제2권 1호, pp.222-241.

도준호, 장석준, "인터넷 이용현황", *정보통신정책연구원*, 1998.

안준모, 한상록, "인터넷쇼핑몰 성공전략: 구성 디자인특성과 마케팅 기능", *한국 정보시스템학회지*, 1999, Vol.1, No.2, pp.97-106.

안준모, 이국회, "인터넷쇼핑환경에서 고객충성도에 영향을 미치는 요인에 관한 연구: 국내 인터넷쇼핑몰 산업을 중심으로", *경영정보학연구*, 제11권 제4호, 2001, pp.135-153.

이건창, 정남호, "가상현실기법을 적용한 인터넷쇼핑몰과 소비자 구매의도에 관한 연구", *경영학연구*, 제29권, 3호, 2000.

박기남, "온라인 오프라인 쇼핑몰의 서비스품질요인 분석연구", *한국경영과학회/대한산업공학회 춘계공동학술대회 논문집*, 2000, pp.39-42.

박순창, 정경수, 이재록, "인터넷 수용요인에 관한 실증적 연구", *경영학연구*, 제29권 제4호, 2000, pp.885-909.

이흥복, 이종호, "디지털 제품의 상품화에 대한 전략적 접근: 디지털 제품의 사이클을 중심으로", *한국정보시스템학회 춘계학술대회 논문집*, 2001, pp.229-242.

임신영, 윤우성, 함호상, 김태윤, "디지털 상품의 유통정보관리 기술", *한국전자거래학회/한국정보시스템학회 종합학술대회 논문집*, 1999, pp.373-384.

임신영, "디지털 상품의 유통정보관리 기술", *한국전자거래학회/한국정보시스템학회 종합학술대회 논문집*, 1999, pp.373-384.

유극렬, http://www.dongduck.ac.kr/ecomm/, 1999.

윤성준, "웹사이트 신뢰도의 결정요인과 구매의향에 미치는 영향에 관한 시뮬레이션 접근방법", *경영학연구*, 제29권, 제3호, 2000, pp.353-376.

오창규, "전자상거래 활성화에 영향을 미치는 요인에 관한 연구", *한국정보시스템학회 춘계학술대회 논문집*, 1998, pp.265-280.

서영호, 채영일, 강현석, "인터넷전자상거래상의 소비자만족도에 관한 실증연구", *한국경영과학회 춘계학술대회 논문집*, 1998, pp.43-46.

송민정, "유럽 정보 컨텐츠 산업의 현황과 전망", *통신경제연구소*, 1997, 12, p.31.

조성의, 박광태, "전자상거래에서 서비스상품의 분류 및 거래특성에 대한 연구", *한국서비스경영학회지*, 제1권 제1호, 2000, pp.203-230.

채영일, "CSF분석을 통한 인터넷쇼핑몰 전략", *한국품질경영학회지*, 제29권 1호, 2001, pp.160-173.

● 국내 학위논문

강현석, "e-비즈니스 활동이 경영성과에 미치는 영향", *경희대학교 경영학과 대학원 박사학위논문*, 2001.

김병욱, "인터넷쇼핑몰 내의 디지털 상품과 물리적 상품별 비용우위효과 분석연구", *서울대학교 경영학과 박사학위논문*, 1999.

김성은, "인터넷상거래의 비용우위효과에 관한 실증적 연구", *경희대학교 경영학과 대학원 석사학위논문*, 1999.

이동원, "전자상거래 활용실태 및 소비자만족, 불만족 요인에 관한 연구", *서울

대학교 대학원, 석사학위논문, 1998.

오기석, "인터넷 소매업에서 제품속성의 매체적합성에 관한 연구", *서울대학교 대학원, 석사학위논문*, 1999.

여인갑, "정보기술수형 모형", *광운대학교 대학원 경영학과 박사논문*, 1992.

채영일, "인터넷 전자상거래상의 소비자 만족도에 관한 실증연구", *경희대학교 대학원, 석사학위논문*, 1999.

● 국내 단행본

고상룡, 최준선, "전자상거래와 법", *현실과 미래*, 1998.

강병서, "사회과학 통계분석(한글SPSS)", *고려정보산업*, 1999.

김계수, "AMOS구조방정식 모형분석", *SPSS아카데미*, 2001.

김진우, "Internet Business .COM", *영진출판사*, 1999.

노형진, "SPSS/AMOS에 의한 사회조사분석", *형설출판사*, 2002.

산업자원부, "e-비즈니스연보", *산업자원부 한국전자거래진흥원*, 2002.

심종석, 정경진, "전자상거래와 e-비즈니스", *청림출판*, 2000.

성태제, "현대 기초통계학의 이해와 적용", *양서원*, 1999.

이두희, "인터넷마케팅", *영진출판사*, 1997, pp.49-50.

이상진, 이충배, "정보시스템을 기초로 한 전자상거래 이해와 활용", *두남출판사*, 1999.

이재규 외, "전자상거래 원론", *법영사*, 1999.

주재훈, "인터넷비즈니스", *비봉출판사*, 1998.

한국전산원, "'2000 인터넷백서", *한국전산원*, 2001.

한국전산원, "'2002 인터넷백서", *한국전산원*, 2003.

● 국외 학술지

Adams, D. A., Nelson, R. R. and Todd, P. A., "Perceived Usefulness, Ease of Use, and Usage of information Technology; A Replication", *MIS Quarterly*, 1992, June, pp.227-247.

Adams, N., Awerbuch, B., Slonim, J., Wegner, P., and Yesha,

Y.(1997), "Globalizing Business, Education, Culture through the Internet", *Communications of the ACM*, Vol.40. No.2, pp.115-121.

Agarwal, R. and Prasad, J., "The Role of Innovation Characteristics and Perceived Voluntaries in the Acceptance of information Technologies", *Decision Sciences*, Vol.28, No.3, 1997, pp.557-582.

Agarwal, R. and Prasad, J., "Are individual Differences Germane to the Acceptance of New information Technologies?", *Decision Sciences*, Vol.30, 1999, pp.361-391.

Agarwal, R. and Karahanna, E., "Time Files When You' re Having Fun: Cognitive Absorption and Beliefs About information Technology Usage, "*MIS Quarterly*, Vol.24, No.4, 2000, pp.665-694.

Alice, A. W. and John, G. L. Jr., "Communication Effects of Advertsing versus Direct Experinece When both Search and Experience Attribute are Present", *Journal of Consumer Research*, Vol.21, No.4, 1995 March, p.708(10).

AOEMA, "Business Opportunities in Electronic Commerce", 1994.

Ba, S., Stallaert, J. and Winston, A. B., "Optimal investment in Knowledge within a Firm Using a Market Mechanism", *Management Science*, Vol.47, No.9, 2001, pp.1203-1219.

Bajaj, A and S. R. Nidumolu, "A Feedback Model to Understand information System Usage", *Information and Management*, Vol.33, 1998, pp.213-224.

Bakos, J. Y., and Brynjolfsson, E. "Aggregation and Disaggregation of information Goods: implications for Bundling, Site Licensing and Micropayment Systems", in Proceedings of internet Publishing and Beyond: The Economics of Digital information and intellectual Property, *CM*, 1997.

Benjamin, R. I. and Wigand, R. T., "Electronic Commerce: Electronic Market & Virtual Value Chains on The information Superhighway", *Slaon Management Review*, Winter 1995, pp.62-72.

Berger, ida E. and Vinay K., "increasing Environmental Sensitivity Via Workplace Experiences", *Journal of Public Policy and Marketing*, Vol.14, No.2, 1995, pp.205-215.

Bergeron, F. and L. Raymond, "Evaluation Of EIS from Managerial Perspective", *Journal of information Systems*, Vol.21, 1992, pp.45-60.

Chau, P. Y. K., "An Empirical Assessment of a Modified Technology Acceptance Model", *Journal of Management information Systems*, Vol.13, 1996, pp.185-204.

Chen, Lai-Da, "Consumer Acceptance of Virtual Store: A Theoretical Model and Critical Success Factors for Virtual Stores", *Doctoral Thesis, The University of Memphis*, 2000.

Chin, W. W. and Todd, P. A., "On the Use, Usefulness, and Ease of Use of Structural Equation Modeling in MIS Research: A Note of Caution", *MIS Quarterly*, Vol.19, 1995, pp.237-246.

Cronin, J. J. and Talyor S. A. "Measuring Service Quality: A Reexamination and Extension", *Journal of Marketing*, 1992, pp.55-68.

Davis, F. D., "Perceived Usefulness, Perceived Ease of Use, and User Acceptance of information Technology", *MIS Quarterly*, September, 1998, pp.319-339.

Davis, F. D., Bagozzi, R. P. and Warshaw, P. P., "User Acceptance of Computer Technology: A Comparison of Two Theoretical Models", *Management Science*, Vol.35, 1989, pp.982-1003.

Davenport, T. H. and Klaham P. "Managing Customer Support Knowledge", *California Management Review*, Vol.40, No.2, 1993, pp.9-35.

Dishaw, M. T. and D. M. Strong, "Extending the Technology Acceptance Model With Task Technology Fit Constructs", *Information and Management*, Vol.36, No.1, 1999, pp.9-21.

Doll, W. J., Hendrickson, A. and Deng, X., "Using Davis' s Perceived Usefulness and Ease-of-use instruments for Decision Making: A Confirmatory and Multigroup invariance Analysis", *Decision Sciences*, Vol.29, 1998, pp.839-869.

El Sawy, O. A. and Bowles, G., "Redesigning the Customer Support Process for the Electronic Economy: insights from Storage Dimensions", *MIS Quarterly*, Vol.52, No.4, 1997, pp.457-484.

El Sawy, O. A., Malhotra, A., Gosain, S. and Young, K. M. "IT-Intensive

Value innovation in the Electronic Economy: insights from Marshall industries", *MIS Quarterly*, Vol.23, No.3, 1999, pp.305-334.

Evans, P. B. and Wurster, T. S., "Strategy and the New Economics of information", *Havard Business Review*, Vol.9, No.10, 19997, pp.71-85.

Fishburn, P. C., Odlyzko, A. M. and Siders, R. C. "Fixed Fee Versus Unit Pricing for information Goods: Competition, Equilibria, and Price Wars", *First Monday*, Vol.2, 1997, pp.167-189.

Igbria, M., Guimaraes, T. and Davis, G. B., "Testing the Determinants of Microcomputer Usage Via a Structural Equation Model", *Journal of Management information Systems*, Vol.11, 1995, pp.87-114.

Igbria, M., Zinateli, N, Cragg, P. and Cavaye, A. I. M., "Personal Computing Acceptance Factors in Small Firms: A Structural Equation Model", *MIS Qaurterly*, Vol.21, 1990, pp.279-305.

Hendrickson, A. R., Massey, P. D. & Cronan, T. P. "On the Test-Retest reliability of Perceived Usefulness and Perceived Ease of Use Scales", *MIS Quarterly*, Vol.17, No.2, 1993, pp.227-230.

Jackson, C. M. S. Chow and R. A. Leitch, "Toward an Understanding of Behavioral intention to Use an information System", *Decision Sciences*, Vol.28, No.2, 1997, pp.357-389.

Javenpaa, Sirrka L. and Peter Todd, "Consumer Reactions to Electronic Shopping in the World Wide Web", *International Journal of Electronic Commerce*, Vol.1, No.2, Winter, 1996-1997, pp.357-389.

Javenpaa, Sirrka L. and Noam Tractinsky, "Consumer Trust in an internet Store: A Cross-Cultural Validation", *JCMC*, Iss. 1, 1999.

Kim, Injai, "The Effects of individual, Managerial, Organiza- tional, and Environmental Factors ong the Adoption of Object Orientation in U. S. Organization: An Empirical Test of the Technology Acceptance Model", *Doctoral Dissertation, University of Nebraska*, 1996.

Liang, T. P. and Huang, J. S. "An Empirical study on Consumer Acceptance of Products in Electronic Markets: A Transaction Cost Model", *Decision Support System*, Vol.24, 1998, pp.29-43.

Lin, J. C. and H. Lu, "Towards and Understanding of the Behavioral intention to Use a Web Site", *International Journal of information Management*, Vol.20, 2000, pp.197-208.

Mathieson, K. "Predicting User intentions: Comparing the Technology Acceptance Model with the Theory of Planned Behavior", *Information Systems Research*, Vol.2, No.3, 1991, pp.173-191.

Michael, J. S., David, M. G. and Howard, T., "Research Opportunities in Electronic Commerce", *Decision Support System*, Vol.21, 1997, pp.149-156.

Moon, J. and Y. Kim, "Extending the TAM for a World-Wide-Web Context", *Information & Management*, Vol.38, 2001, pp.217-230.

Nelson, D. L., "Individual Adjustment to information-Driven Technologies: A Critical Review", *MIS Quarterly*, Vol.14, 1990, pp.79-98.

Parasuraman, A. V. A. Zeithmal, and L. L. Berry, "SERVQUAL: A Multiple-item Scale for Measuring Consumer Perceptions of Service Quality", *Journal of Retailing*, Vol.64, No.1, Spring, 1988, pp.12-40.

Porter, M. E. and Victor, V. E., "How information gives you Competitive Advantage", *Harvard Business Review*, Vol.7, No.8, 1985, pp.149-160.

Riggins, F. J. and Rhee, H. S., "Toward a unified view of Electronic Commerce", *Communications of ACM*, Vol.41, No.10, Oct 1998, pp.88-95.

Rayport, J. F. and Miller, V. E., "How information gives You Competitive Advantage", *Havard Business Review*, Vol.7, No.8, 1995, pp.149-160.

Sanders, G. L. and S. F. Courtney, "A field study of organizational factors influencing DSS success", *MIS Quarterly*, Vol.9, No.1, 1985, pp.77-89.

Schmitz, J. and Fulk, J., "Organization Collegues, Media Richness, and Electronic Mail: A Test of the Social influence Model of Technology Use", *Communication Research*, Vol.18, 1991, pp.487-523.

Segars, A. H. and V. Grover, "Re-Examining Perceived Ease of Use and Usefulness: A Confirmatory Factor Analysis", *MIS Quarterly*, Vol.17, No.4, 1993, pp.517-525.

Shpiro, C. and Varian, H. R. "Versioning: The Smart Way to Sell information" , *Harvard Business Review*, Nov-Dec, 1998.

Straub, D., Keil, M. and Brenner, W., "Testing the Technology Acceptance Model across Cultures: A Three Country Study" , *Information & Management*, Vol.33, 1997, pp.1-11.

Straub, D., Limayem, M. and Karahanna-Evaristo, E., "Measuring System Usage: implications for is Theory Testing" , *Management Science*, Vol.41, 1995, pp.1328-1342.

Subramarian, G. H., "A Replication of Perceived Usefulness and Perceived Ease of Use Measurement" , *Decision Sciences*, Vol.25, 1994, pp.863-874.

Szajna, B., "Software Evaluation and Choice: Predictive Alidation of the Technology Acceptance instrument" , *MiS Quarterly*, Vol.18, No.3, 1994, pp.319-324.

Szajna, B., "Empirical Evaluation of the Revised Technology Acceptance Model" , *Management Science*, Vol.42, 1996, pp.85-92.

Taylor, S. and Todd, P. A., "Understanding information Technology Usage: A Test of Computing Models" , *information Systems Research*, Vol.6, 1995, pp.144-176.

Trevino, L. K. and Webster, J., "Flow in Computer-mediated Communication: Eletronic Mail and Voice Mail Evaluation and impacts" , *Communication Research*, Vol.19, 1992, pp.1493-1512.

Varian, H. R. "Pricing information Goods" , *Proceedings of Scholarship in the New information Environment Symposium, Harvard Law School*, May 1995.

- 국외 학위논문

McFarland, Daniel J., "The Particularization of Computer- Efficacy and Acceptance Model: A Field Study" , *Doctoral Thesis, Drexel University*, 1999.

Miller, M. D., "The Extended Technology Acceptance Model: Theory and Empirical Test" , *Doctoral Dissertation, Auburn University*, 1994.

Ruth, Christopher, "Applying a Modified Technology Acceptance Model to Determine Factors Affecting Behavioral intention to Adopt Electronic Shopping on the World Wide Web: A Structural Equation Modeling Approach", *Doctoral Thesis, Drexel University*, 2000.

● 국외 단행본 및 기사

David K., "Understanding Electronic Commerce", *Microsoft Press*, 1997.

ECnet, "What is Electronic Commerce?",
http://www.year-x.co.uk/ec/yxidef.htm

Esprit, "Electronic Commerce-An introduction",
http://www.cordish.lu/esprit/src/ecomint.htm

Hayduk, L. A., "Structured Equation Modeling with LISREL; Essentials and Advances", *Baltimore, MD, John Hopkins University Press*, 1987.

Kalakota, R. and Whinston A. B., "Frontiers of Electronic- Commerce", *Addison Wesley*, 1996.

Kalakota, R. and Whinston A. B., "Reding in Electronic- Commerce", *Addison Wesley*, 1997.

McCarthy, E. J., "Basic Marketing", 7th ed., Homewood, illinois: *irwin*, 1981, pp.267-268.

Menasce and Almedia, "Scaling for e-Business", *Prentice Hall PTR*, 2000, pp.18-21.

Varian, H. R. "Markets for information Goods", *Manuscript*, 1998.

Appendix

김근배, 이훈영, "제품속성 간의 계층구조와 연관성 파악을 위한 기법: 비대칭 다차원척도법의 응용", *경영학연구*, 제24호 3권, 1995, pp.239-264.

김지균, 강영일, "디지털 상품 정품 인증 프로토콜 설계", *Journal of Computer Science & Engineering Technology*, Vol.2, No.1, 1999, pp.76-81.

김지연, 서창교, 이형석, "인터넷쇼핑몰 사용도에 영향을 미치는 요인", *한국경영정보학회 춘계학술대회 논문집*, pp.875-885.

김종원, "An Empirical investigation for EIS Utilization: in the Basis of TAM", *정보시스템연구* 제6권, 제1호, 1997, pp.257-292.

김현주, "컴퓨터통신의 매체적 특성에 관한 연구", *한국언론학보*, 제34권, 1994, pp.6-40.

양희동, 김소라, "TAM에서의 태도 개념의 측정개선과 WWW 사용의 설명력", *경영학연구*, 제31권, 제4호, 2002, pp.929-950.

양희동, 최인영, "사회적 영향이 정보시스템 수용에 미치는 영향: 정보기술수용모형에서", *경영정보학연구*, 제11권 제3호, 2001년 9월, pp.166-184.

김태균, 장원경, "TAM 모형을 이용한 조직변수와 기업변수가 기업조직원의 인터넷 사용에 미치는 영향", *한국경영정보학회 경영정보계열 공동 국제학술대회 논문집*, 2001, pp.88-102.

나승덕, 이응규, "E-마켓플레이스의 활용도, 경쟁우위 기대수준, 인지된 장벽, E-비즈니스기반구조 간의 인과관계에 관한 연구", *정보시스템연구*, 제11권, 제1호, 2002, pp.105-127.

이경아, 이주헌, "웹사이트 가치에 영향을 미치는 요인에 관한 연구: 정보기술수용모형 관점에서", *한국경영정보학회 경영정보계열 공동 국제학술대회 논문집*, 2001, pp.648-661.

이동훈, 안병석, 김재경, "디지털 경제시대 도래에 따른 E-Transfor- mation과 E-Business/인터넷 마케팅: 전자쇼핑몰에서 상품에 대한 고객의 선호도 파악", *한국경영정보학회 추계국제학술대회 논문집*, 2000, pp.348-356.

이호배, 정주훈, 박기백, "인터넷사이트에 대한 속성신념과 태도가 홈페이지 광고효과에 미치는 영향", *경영학연구*, 제29권 제2호, 2000, pp.263-290.

윤선영, 신경식, "가상커뮤니티의 사용의도에 영향을 미치는 요인에 관한 연구: 기술수용모델의 적용", *한국경영정보학회 추계학술대회 논문집*, 2002, pp.79-89.

박건수, "인터넷쇼핑몰에서 성공한 제품의 공통요인 연구", *서울대학교 산업공학*

　　과 석사학위논문, 2000.

박동진, "Determinants of it Usage: Test of the Revised TAM", *Journal of Korean Data & information Science Society*, Vol.13, No.1, 2002, pp.87-96.

백상용, "PC이용과 놀이성의 관계에 대한 연구", *경영정보학연구*, 제10권, 제4호, 2000, pp.101-113.

서건수, "인터넷쇼핑몰의 특성과 사용자 수용 간의 상황적 관계분석", *경영정보학연구*, 제11권, 제2호, 2001, pp.23-51.

장활식, 오창규, 정찬우, "물리적 제품과 디지털 제품 판매 웹사이트 특성의 비교분석", *한국정보시스템학회 춘계학술대회 논문집*, 2000, pp.153-164.

장시영, 이정섭, "전자상거래와 전통적 상거래에서 고객이 지각한 가치비교", *경영정보학연구*, 제10권, 제3호, 2000, 159-179.

정경훈, 서창교, "정보기술수용모형에 대한 실증적 분석: World Wide Web을 중심으로", *한국전자거래학회/한국정보시스템학회 종합학술대회 논문집*, 1999, pp.732-740.

정희상, "전자상거래의 수익성기준에 관한 연구: 디지털 상품 거래를 중심으로", *경희대학교 경영학과 대학원 석사학위논문*, 1998.

최기준, 최재영, 박은미, "전자상거래에서 상품 유형에 관한 연구", *한국경영정보학회 추계국제학술대회*, 2000, pp.318-327.

장활식, 김종기, 오창규, "웹의 상호 작용 특성을 반영한 정보기술수용모형", *경영정보학연구*, 제12권, 제4호, 2002년 12월, pp.56-75.

하영수, "정보기술시스템의 수용성에 관한 연구", *한국행정논집*, 제13권 제4호, 2001, pp.999-1020.

하헌국, 김영규, "아웃바운드 투어상품의 서비스품질과 고객만족에 관한 연구: EDM, SERVQUAL과 SERVPERF 간의 비교를 중심으로", *호텔관광연구*, Vol.2, No.1, 2000, pp.71-92.

김성희, 장기진, "e-비즈니스 원론", *무역경영사*, 2001.

김은정, 박양규, "SPSS 통계분석 8", *21세기사*, 2000.

박양규, 정성옥, "Windows용 SPSS 통계분석", *21세기사*, 1998.

임춘성, 김범조, "전자상거래", *북플러스*, 1998.

최인영, "전자상거래 혁명", *동일출판사*, 1998.

한한수, "SPSS/PC+를 이용한 자료분석", *청문각*, 1998.

Ramnath, K. C., "Electronic Commerce for Digiital Product Companies", *Doctoral Thesis, The University of Texas at Austin*, 1997.

Man Kit Chang and Waiman Cheung, "Determinants of the intention to use internet/WWW at work: a confirmatory study", *information & Management*, No.39, 2001, pp.1-14.

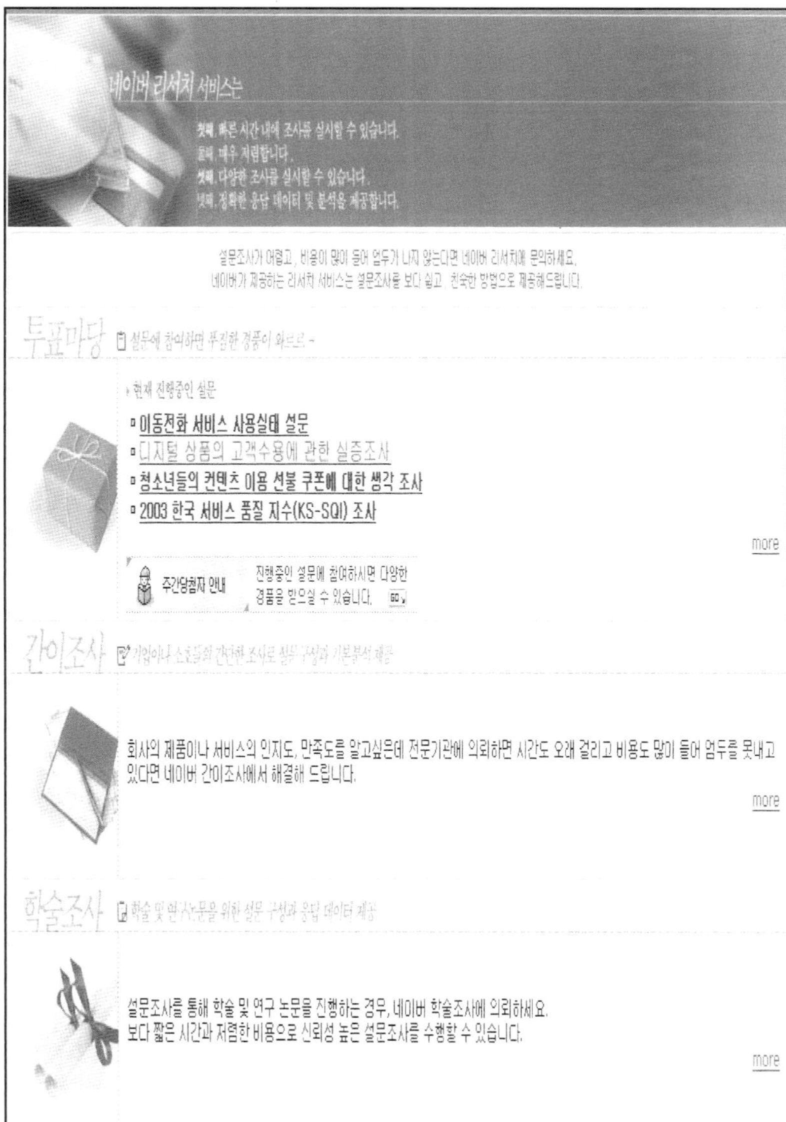

■ 별지 그림 1 온라인 설문지 화면

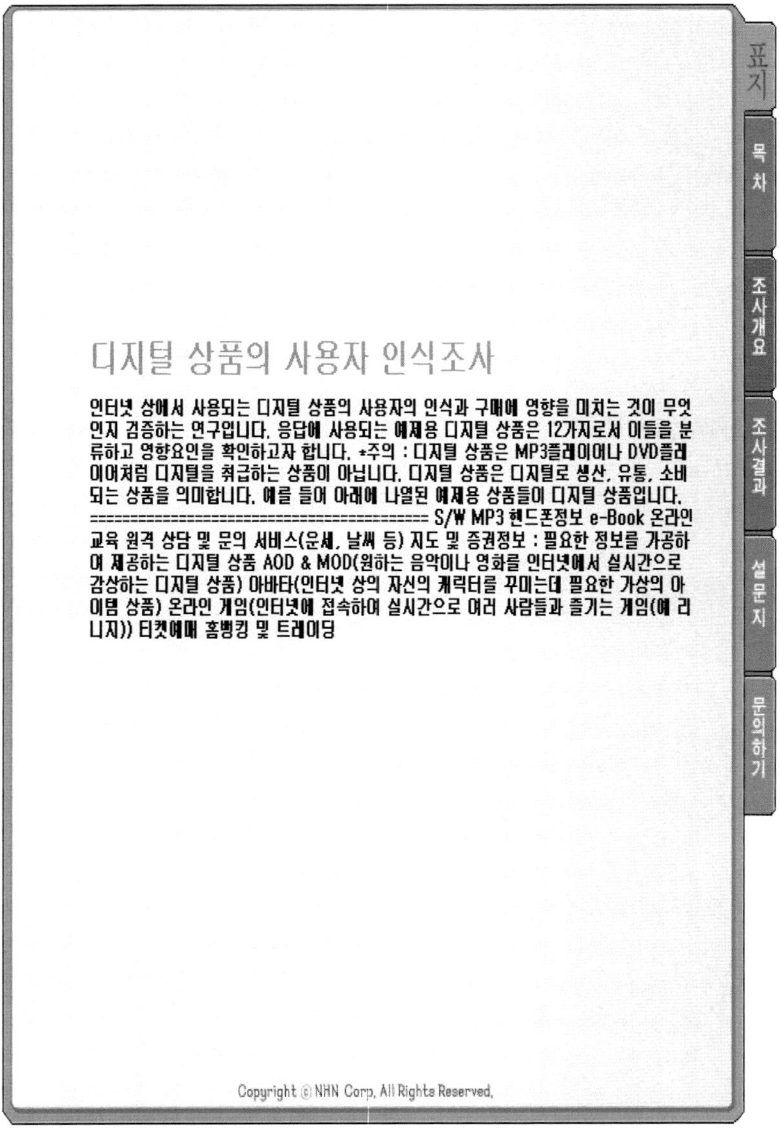
표지
목차
조사개요
조사결과
설문지
문의하기
디지털 상품의 사용자 인식조사
인터넷 상에서 사용되는 디지털 상품의 사용자의 인식과 구매에 영향을 미치는 것이 무엇인지 검증하는 연구입니다. 응답에 사용되는 예제용 디지털 상품은 12가지로서 이들을 분류하고 영향요인을 확인하고자 합니다. *주의 : 디지털 상품은 MP3플레이어나 DVD플레이어처럼 디지털을 취급하는 상품이 아닙니다. 디지털 상품은 디지털로 생산, 유통, 소비되는 상품을 의미합니다. 예를 들어 아래에 나열된 예제용 상품들이 디지털 상품입니다.
== S/W MP3 핸드폰정보 e-Book 온라인교육 원격 상담 및 문의 서비스(운세, 날씨 등) 지도 및 증권정보 : 필요한 정보를 가공하여 제공하는 디지털 상품 AOD & MOD(원하는 음악이나 영화를 인터넷에서 실시간으로 감상하는 디지털 상품) 아바타(인터넷 상의 자신의 캐릭터를 꾸미는데 필요한 가상의 아이템 상품) 온라인 게임(인터넷에 접속하여 실시간으로 여러 사람들과 즐기는 게임(예 리니지)) 티켓예매 홈뱅킹 및 트레이딩
Copyright © NHN Corp. All Rights Reserved.

■ 별지 그림 2 온라인 설문지 화면

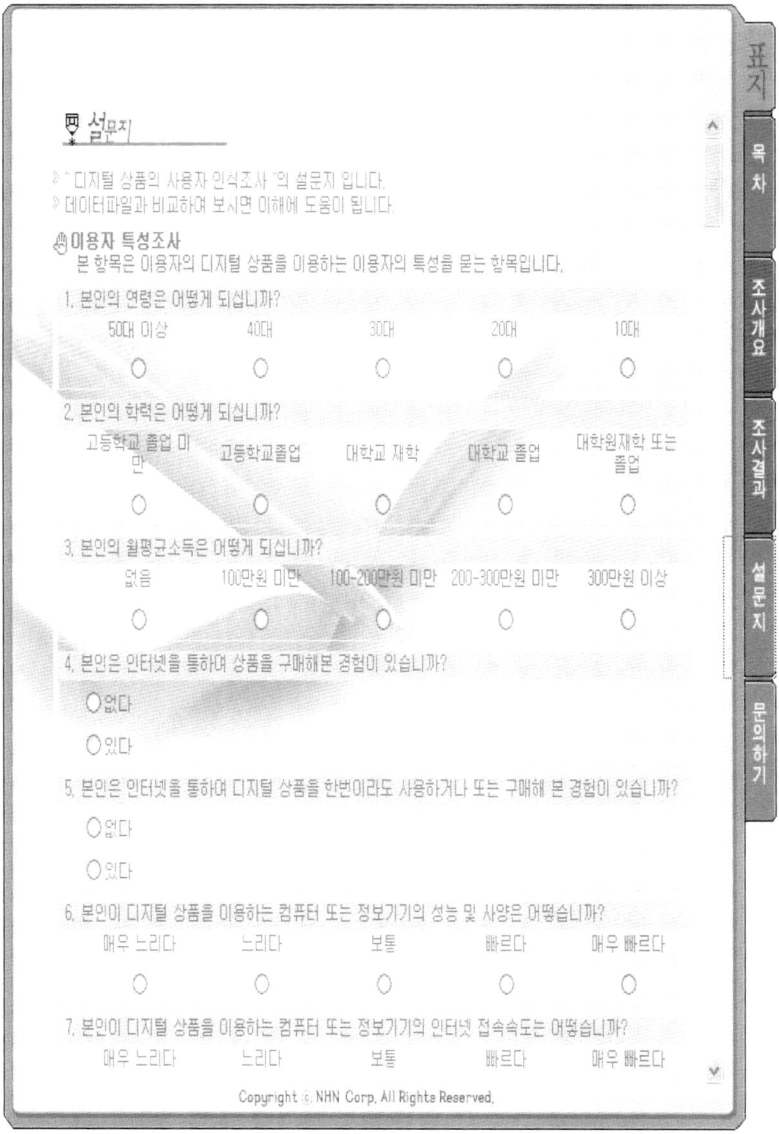

⊡ 설문지

⬦ "디지털 상품의 사용자 인식조사"의 설문지 입니다.
⬦ 데이터파일과 비교하여 보시면 이해에 도움이 됩니다.

✋ **이용자 특성조사**
　본 항목은 이용자의 디지털 상품을 이용하는 이용자의 특성을 묻는 항목입니다.

1. 본인의 연령은 어떻게 되십니까?

50대 이상	40대	30대	20대	10대
○	○	○	○	○

2. 본인의 학력은 어떻게 되십니까?

고등학교 졸업 미만	고등학교졸업	대학교 재학	대학교 졸업	대학원재학 또는 졸업
○	○	○	○	○

3. 본인의 월평균소득은 어떻게 되십니까?

없음	100만원 미만	100-200만원 미만	200-300만원 미만	300만원 이상
○	○	○	○	○

4. 본인은 인터넷을 통하여 상품을 구매해본 경험이 있습니까?

○ 없다

○ 있다

5. 본인은 인터넷을 통하여 디지털 상품을 한번이라도 사용하거나 또는 구매해 본 경험이 있습니까?

○ 없다

○ 있다

6. 본인이 디지털 상품을 이용하는 컴퓨터 또는 정보기기의 성능 및 사양은 어떻습니까?

매우 느리다	느리다	보통	빠르다	매우 빠르다
○	○	○	○	○

7. 본인이 디지털 상품을 이용하는 컴퓨터 또는 정보기기의 인터넷 접속속도는 어떻습니까?

매우 느리다	느리다	보통	빠르다	매우 빠르다

표지 / 목차 / 조사개요 / 조사결과 / 설문지 / 문의하기

▌별지 그림 3 온라인 설문지 화면

6. 본인이 디지털 상품을 이용하는 컴퓨터 또는 정보기기의 성능 및 사양은 어떻습니까?

매우 느리다	느리다	보통	빠르다	매우 빠르다
○	○	○	○	○

7. 본인이 디지털 상품을 이용하는 컴퓨터 또는 정보기기의 인터넷 접속속도는 어떻습니까?

매우 느리다	느리다	보통	빠르다	매우 빠르다
○	○	○	○	○

8. 본인이 디지털 상품을 이용하기 위해 거치는 상품 제공자의 개인정보 및 신용정보의 보안은 어느 정도 안전하다고 생각하십니까?

매우 불안하다	불안하다	보통	안전하다	매우 안전하다
○	○	○	○	○

9. 본인의 컴퓨터 또는 정보기기를 통한 디지털 상품의 이용량은 어떻습니까? (하루 기준)

없음	1시간 미만	1-3시간미만	3-5시간 미만	5시간 이상
○	○	○	○	○

10. 본인의 컴퓨터 또는 정보기기를 통한 디지털 상품의 이용빈도는 어떻습니까?(일주일기준)

없음	하루	하루~이틀	이틀~사흘	나흘 이상
○	○	○	○	○

11. 본인이 디지털 상품을 이용해 본 경험은 언제부터 입니까?

6개월 미만	6개월~1년 미만	1년~3년 미만	3~5년 미만	5년 이상
○	○	○	○	○

12. 본인은 디지털 상품을 이용하는데 어느 정도 익숙하다고 생각하십니까?

전혀 익숙하지 않다	별로 익숙하지 않다	보통	조금 익숙하다	매우 익숙하다
○	○	○	○	○

13. 본인은 다음의 디지털 상품을 이용하지 않고도 상품의 이용목적을 위한 다른 대체 상품(예, MP3 음악이라면 CD, tape, 라디오 등의 대체)이 있습니까?

많이 있다	조금 있다	보통	별로 없다	전혀 없다
○	○	○	○	○

▌별지 그림 4 온라인 설문지 화면

🖐️ **디지털 상품의 사용경험**

　본인의 디지털 상품의 사용경험을 묻는 항목입니다. 제시된 디지털 상품의 사용경험을 응답해주십시오.

　1. S/W : V3 등 같이 인터넷으로 다운로드 받아 구매하는 소프트웨어 상품의 사용 또는 구매경험이 있습니까?

　　○ 없다

　　○ 있다

　2. MP3 : 인터넷으로 다운로드 받아 구매하는 음악파일의 사용 또는 구매경험이 있습니까?

　　○ 없다

　　○ 있다

　3. 핸드폰정보 : 벨소리, 통화연결음, 게임 등 핸드폰 접속을 통해 제공되는 디지털 상품의 사용 또는 구매경험이 있습니까?

　　○ 없다

　　○ 있다

　4. e-Book : 컴퓨터나 PDA에서만 볼 수 있는 전자책(소설이나 만화)의 사용 또는 구매경험이 있습니까?

　　○ 없다

　　○ 있다

　5. 온라인 교육 : 사이버대학이나 학원 같이 수강료를 지불하고 온라인 강의를 듣는 디지털 상품의 사용 또는 구매경험이 있습니까?

　　○ 없다

　　○ 있다

　6. 원격 상담 및 문의 서비스 : 운세, 날씨 등 인터넷으로 상담 및 문의를 받는 디지털 상품의 사용 또는 구매경험이 있습니까?

　　○ 없다

　　○ 있다

　7. 지도 및 증권정보 : 필요한 정보를 가공하여 제공하는 디지털 상품의 사용 또는 구매경험이 있습니까?

표지 | 목차 | 조사개요 | 조사결과 | 설문지 | 문의하기

▌별지 그림 5 온라인 설문지 화면

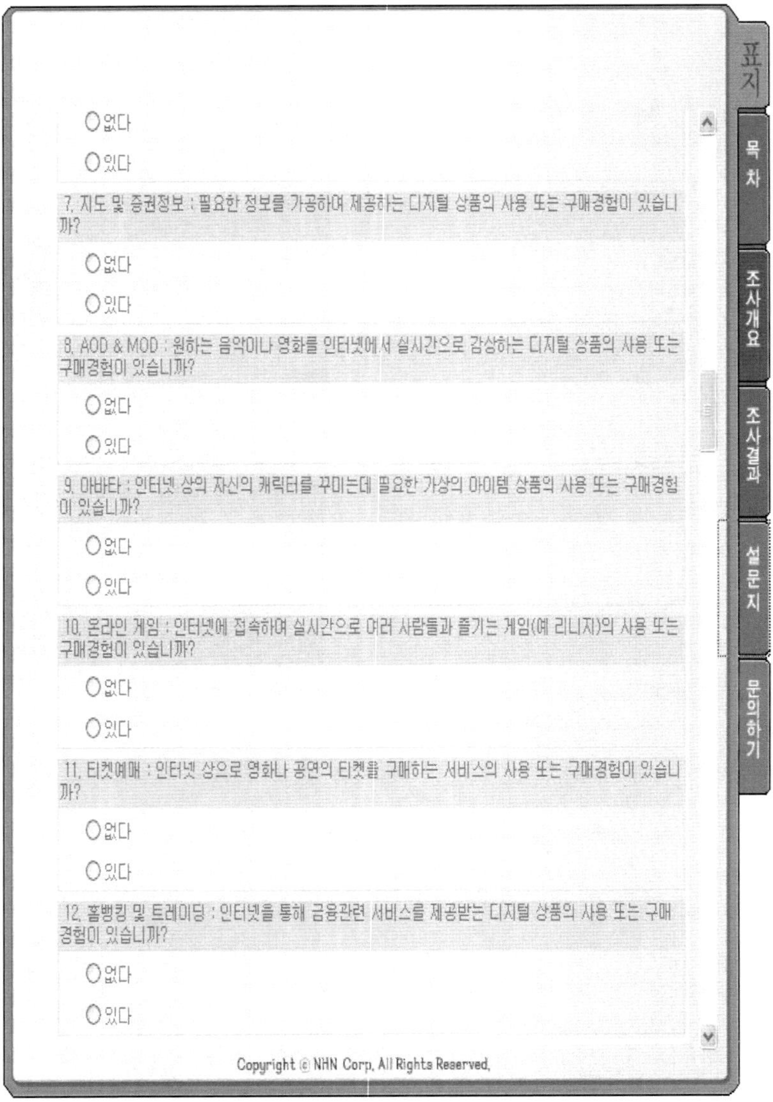

○ 없다
○ 있다

7. 지도 및 증권정보 : 필요한 정보를 가공하여 제공하는 디지털 상품의 사용 또는 구매경험이 있습니까?

○ 없다
○ 있다

8. AOD & MOD : 원하는 음악이나 영화를 인터넷에서 실시간으로 감상하는 디지털 상품의 사용 또는 구매경험이 있습니까?

○ 없다
○ 있다

9. 아바타 : 인터넷 상의 자신의 캐릭터를 꾸미는데 필요한 가상의 아이템 상품의 사용 또는 구매경험이 있습니까?

○ 없다
○ 있다

10. 온라인 게임 : 인터넷에 접속하여 실시간으로 여러 사람들과 즐기는 게임(예 리니지)의 사용 또는 구매경험이 있습니까?

○ 없다
○ 있다

11. 티켓예매 : 인터넷 상으로 영화나 공연의 티켓을 구매하는 서비스의 사용 또는 구매경험이 있습니까?

○ 없다
○ 있다

12. 홈뱅킹 및 트레이딩 : 인터넷을 통해 금융관련 서비스를 제공받는 디지털 상품의 사용 또는 구매경험이 있습니까?

○ 없다
○ 있다

표지
목 차
조사개요
조사결과
설문지
문의하기

▌별지 그림 6 온라인 설문지 화면

디지털 상품의 특성구분

이 항목은 각 상품의 이용시 중요하게 생각되는 특성을 분류하기 위한 질문입니다. 각 상품을 이용시 중요한 특성을 중요순위를 매겨주십시오.

13. S/W : V3 등 같이 인터넷으로 한번 다운로드 받아 구매 또는 사용하는 소프트웨어 상품

- [ ] 사용자가 얻게되는 상품소유
- [ ] 사용자가 얻게되는 경험
- [ ] 사용자가 얻게되는 상품의 내용
- [ ] 상품의 사용을 위한 네트워크의 접속

(4) 순위까지 적어주세요.

14. MP3 : 인터넷으로 한번 다운로드 받아 구매 또는 사용하는 음악파일

- [ ] 사용자가 얻게되는 상품소유
- [ ] 사용자가 얻게되는 경험
- [ ] 사용자가 얻게되는 상품의 내용
- [ ] 상품의 사용을 위한 네트워크의 접속

(4) 순위까지 적어주세요.

15. 핸드폰정보 : 벨소리, 통화연결음, 게임 등 핸드폰 접속을 통해 다운로드받는 디지털 상품

- [ ] 사용자가 얻게되는 상품소유
- [ ] 사용자가 얻게되는 경험
- [ ] 사용자가 얻게되는 상품의 내용
- [ ] 상품의 사용을 위한 네트워크의 접속

(4) 순위까지 적어주세요.

16. e-Book : 다운로드 받아 컴퓨터나 PDA에서만 볼 수 있는 전자책(소설이나 만화)

- [ ] 사용자가 얻게되는 상품소유
- [ ] 사용자가 얻게되는 경험

■ 별지 그림 7 온라인 설문지 화면

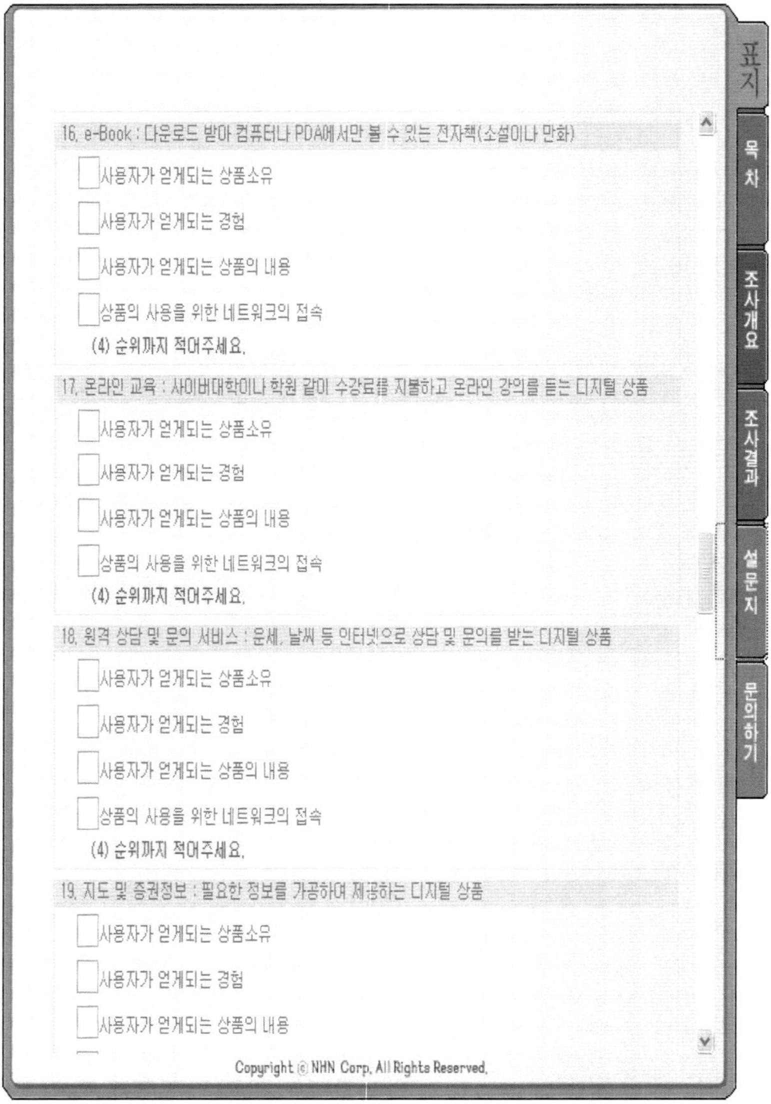

▌ 별지 그림 8 온라인 설문지 화면

▌ 별지 그림 9 온라인 설문지 화면

표지

목 차

조사개요

조사결과

설문지

문의하기

☐ 사용자가 얻게되는 경험

☐ 사용자가 얻게되는 상품의 내용

☐ 상품의 사용을 위한 네트워크의 접속
  (4) 순위까지 적어주세요.

22. 온라인 게임 : 인터넷에 접속하여 실시간으로 여러 사람들과 즐기는 게임(예 리니지 포트리스)

☐ 사용자가 얻게되는 상품소유

☐ 사용자가 얻게되는 경험

☐ 사용자가 얻게되는 상품의 내용

☐ 상품의 사용을 위한 네트워크의 접속
  (4) 순위까지 적어주세요.

23. 티켓예매 : 인터넷 상으로 영화나 공연의 티켓을 구매하는 서비스

☐ 사용자가 얻게되는 상품소유

☐ 사용자가 얻게되는 경험

☐ 사용자가 얻게되는 상품의 내용

☐ 상품의 사용을 위한 네트워크의 접속
  (4) 순위까지 적어주세요.

24. 홈뱅킹 및 트레이딩 : 인터넷을 통해 금융관련 서비스를 제공받는 디지털 상품

☐ 사용자가 얻게되는 상품소유

☐ 사용자가 얻게되는 경험

☐ 사용자가 얻게되는 상품의 내용

☐ 상품의 사용을 위한 네트워크의 접속
  (4) 순위까지 적어주세요.

▌ 별지 그림 10 온라인 설문지 화면

🖐 디지털 상품의 사용 및 구매 의향
　다음은 현재 인터넷에서 사용되는 디지털 상품의 목록입니다. 앞으로 사용하고자 하시는 의향이나 사용 후의 재사용 의향을 기입해주십시오

25. S/W : V3같이 인터넷으로 다운로드 받아 구매하는 소프트웨어 상품
| 전혀없다 | 별로 없다 | 보통 | 조금 있다 | 많이 있다 |
| ○ | ○ | ○ | ○ | ○ |

26. MP3 : 인터넷으로 다운로드 받아 구매하는 음악파일
| 전혀없다 | 별로 없다 | 보통 | 조금 있다 | 많이 있다 |
| ○ | ○ | ○ | ○ | ○ |

27. 핸드폰정보 : 벨소리, 통화연결음, 게임 등 핸드폰 접속을 통해 제공되는 디지털 상품
| 전혀 없다 | 별로 없다 | 보통 | 조금 있다 | 많이 있다 |
| ○ | ○ | ○ | ○ | ○ |

28. e-Book : 컴퓨터나 PDA에서만 볼 수 있는 전자책(소설이나 만화)
| 전혀 없다 | 별로 없다 | 보통 | 조금 있다 | 많이 있다 |
| ○ | ○ | ○ | ○ | ○ |

29. 온라인 교육 : 사이버대학이나 학원 같이 수강료를 지불하고 온라인 강의를 듣는 디지털 상품
| 전혀 없다 | 별로 없다 | 보통 | 조금 있다 | 많이 있다 |
| ○ | ○ | ○ | ○ | ○ |

30. 원격 상담 및 문의 서비스 : 운세, 날씨 등 인터넷으로 상담 및 문의를 받는 디지털 상품
| 전혀 없다 | 별로 없다 | 보통 | 조금 있다 | 많이 있다 |
| ○ | ○ | ○ | ○ | ○ |

31. 증권정보 및 지도 : 필요한 정보를 가공하여 제공하는 디지털 상품
| 전혀 없다 | 별로 없다 | 보통 | 조금 있다 | 많이 있다 |
| ○ | ○ | ○ | ○ | ○ |

32. AOD & MOD : 원하는 음악이나 영화를 인터넷에서 실시간으로 감상하는 디지털 상품
| 전혀 없다 | 별로 없다 | 보통 | 조금 있다 | 많이 있다 |
| ○ | ○ | ○ | ○ | ○ |

표지 / 목 차 / 조사개요 / 조사결과 / 설문지 / 문의하기

■ 별지 그림 11 온라인 설문지 화면

29. 온라인 교육 : 사이버대학이나 학원 같이 수강료를 지불하고 온라인 강의를 듣는 디지털 상품

전혀 없다	별로 없다	보통	조금 있다	많이 있다
○	○	○	○	○

30. 원격 상담 및 문의 서비스 : 운세, 날씨 등 인터넷으로 상담 및 문의를 받는 디지털 상품

전혀 없다	별로 없다	보통	조금 있다	많이 있다
○	○	○	○	○

31. 증권정보 및 지도 : 필요한 정보를 가공하여 제공하는 디지털 상품

전혀 없다	별로 없다	보통	조금 있다	많이 있다
○	○	○	○	○

32. AOD & MOD : 원하는 음악이나 영화를 인터넷에서 실시간으로 감상하는 디지털 상품

전혀 없다	별로 없다	보통	조금 있다	많이 있다
○	○	○	○	○

33. 아바타 : 인터넷 상의 자신의 캐릭터를 꾸미는데 필요한 가상의 아이템 상품

전혀 없다	별로 없다	보통	조금 있다	많이 있다
○	○	○	○	○

34. 온라인 게임 : 인터넷에 접속하여 실시간으로 여러 사람들과 즐기는 게임(예 리니지)

전혀 없다	별로 없다	보통	조금 있다	많이 있다
○	○	○	○	○

35. 티켓예매 : 인터넷 상으로 영화나 공연의 티켓을 구매하는 서비스

전혀 없다	별로 없다	보통	조금 있다	많이 있다
○	○	○	○	○

36. 홈뱅킹 및 트레이딩 : 인터넷을 통해 금융관련 서비스를 제공받는 디지털 상품

전혀 없다	별로 없다	보통	조금 있다	많이 있다
○	○	○	○	○

표지 / 목차 / 조사개요 / 조사결과 / 설문지 / 문의하기

▌ 별지 그림 12 온라인 설문지 화면

✋**디지털 상품의 전반적인 속성**
　디지털 상품의 속성을 물어보는 항목입니다. 위의 사용 경험이 있거나 또는 인식하고 있는 디지털 상품의 속성에 대해 답해주시면 됩니다.

37. 본인은 디지털 상품의 이용이 다른 사람의 이용에 영향(상품 훼손, 부족 등)을 미친다고 생각하십니까?

매우 그렇다	조금 그렇다	보통	별로 그렇지 않다	전혀 그렇지 않다
○	○	○	○	○

38. 본인은 디지털 상품은 복제가 어느 정도 가능하다고 생각하십니까?

전혀 그렇지 않다	별로 그렇지 않다	보통	조금 그렇다	매우 그렇다
○	○	○	○	○

39. 본인은 디지털 상품이 어느 정도의 유희성(재미)을 갖고 있다고 생각하십니까?

전혀 그렇지 않다	별로 그렇지 않다	보통	조금 그렇다	매우 그렇다
○	○	○	○	○

40. 본인은 디지털 상품이 본인에게 어느 정도 개인에게 맞춤되어 제공된다고 생각하십니까?

전혀 그렇지 않다	별로 그렇지 않다	보통	조금 그렇다	매우 그렇다
○	○	○	○	○

41. 본인은 디지털 상품이 훼손되면 어느 정도 다시 복구할 수 있다고 생각하십니까?

전혀 그렇지 않다	별로 그렇지 않다	보통	조금 그렇다	매우 그렇다
○	○	○	○	○

42. 본인은 디지털 상품이 수정이나 변환이 어느 정도 용이하다고 생각하십니까?

전혀 그렇지 않다	별로 그렇지 않다	보통	조금 그렇다	매우 그렇다
○	○	○	○	○

43. 본인은 디지털 상품은 사용하기 전에는 내용이나 특성을 알 수 없다고 생각하십니까?

전혀 그렇지 않다	별로 그렇지 않다	보통	조금 그렇다	매우 그렇다
○	○	○	○	○

44. 본인은 디지털 상품이 정보를 담고있는 성질의 상품이라고 생각하십니까?

전혀 그렇지 않다	별로 그렇지 않다	보통	조금 그렇다	매우 그렇다

▌별지 그림 13 온라인 설문지 화면

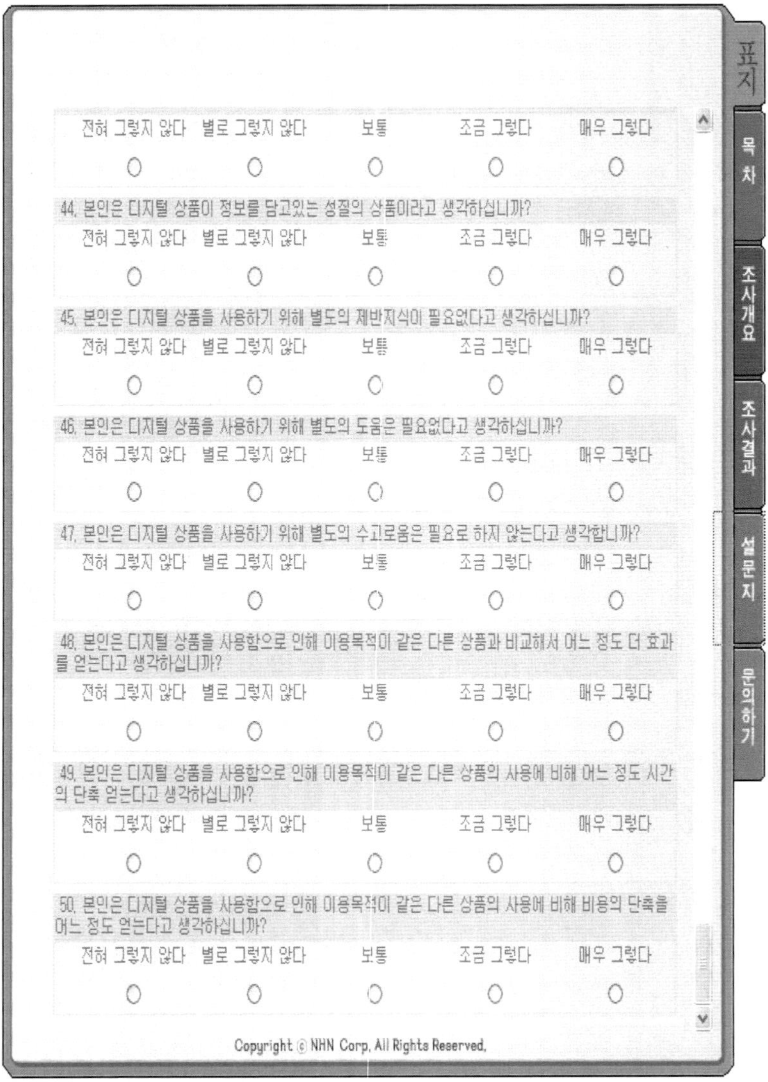

전혀 그렇지 않다　별로 그렇지 않다　보통　조금 그렇다　매우 그렇다
○　　○　　○　　○　　○

44. 본인은 디지털 상품이 정보를 담고있는 성질의 상품이라고 생각하십니까?
전혀 그렇지 않다　별로 그렇지 않다　보통　조금 그렇다　매우 그렇다
○　　○　　○　　○　　○

45. 본인은 디지털 상품을 사용하기 위해 별도의 제반지식이 필요없다고 생각하십니까?
전혀 그렇지 않다　별로 그렇지 않다　보통　조금 그렇다　매우 그렇다
○　　○　　○　　○　　○

46. 본인은 디지털 상품을 사용하기 위해 별도의 도움은 필요없다고 생각하십니까?
전혀 그렇지 않다　별로 그렇지 않다　보통　조금 그렇다　매우 그렇다
○　　○　　○　　○　　○

47. 본인은 디지털 상품을 사용하기 위해 별도의 수고로움은 필요로 하지 않는다고 생각합니까?
전혀 그렇지 않다　별로 그렇지 않다　보통　조금 그렇다　매우 그렇다
○　　○　　○　　○　　○

48. 본인은 디지털 상품을 사용함으로 인해 이용목적이 같은 다른 상품과 비교해서 어느 정도 더 효과를 얻는다고 생각하십니까?
전혀 그렇지 않다　별로 그렇지 않다　보통　조금 그렇다　매우 그렇다
○　　○　　○　　○　　○

49. 본인은 디지털 상품을 사용함으로 인해 이용목적이 같은 다른 상품의 사용에 비해 어느 정도 시간의 단축 얻는다고 생각하십니까?
전혀 그렇지 않다　별로 그렇지 않다　보통　조금 그렇다　매우 그렇다
○　　○　　○　　○　　○

50. 본인은 디지털 상품을 사용함으로 인해 이용목적이 같은 다른 상품의 사용에 비해 비용의 단축을 어느 정도 얻는다고 생각하십니까?
전혀 그렇지 않다　별로 그렇지 않다　보통　조금 그렇다　매우 그렇다
○　　○　　○　　○　　○

표지 | 목차 | 조사개요 | 조사결과 | 설문지 | 문의하기

▌ 별지 그림 14 온라인 설문지 화면

• 저자 •

채영일

•약 력•

경희대학교 사회과학대학 경영학과
경희대학교 일반대학원 경영학과(MIS전공) 석사, 박사
경희대학교 사회과학연구원 정보센터 선임연구원
한국언론재단 정보화프로그램 강사
교육부 교원정보화교육 프로그램 강사
노동부 정보설계사과정 강사
인터넷교육방송 전자상거래관리사과정 강사
한국생산성본부 e-marketing컨설턴트과정
강사강남대학교, 용인대학교, 한국외국어대학교 세계경영대학원, 한양여자대학, 경인여자대학,
  수원여자대학, 장안대학 강사
현 성균관대학교 위촉연구원
현 경희대학교, 경희사이버대학교, 한양여자대학 강사

•주요논저•

「고객지식의 획득/활용과 고객관계관리에 영향을 미치는 요인」, 경영과학지, 2005.5
「한, 미, 일, 중 4개국 선도기업들의 웹기반 서비스 품질 비교분석」,
  한국인터넷정보학회지, 2005.4
「인터넷 디지털 상품의 핵심성공요인 분석 -온라인커뮤니티 관련 상품을 중심으로」,
  한국품질경영학회지, 2004.12
「Knowledge Conversion & Practical Use with Information Technology In Korean
  Companies」, TQM & BE, Total Quality Management, Spring 2004
「CSF분석을 통한 인터넷 쇼핑몰의 성공전략」에 관한 실증연구 - 고객과 기업의
  인식차이를 중심으로」, 한국품질경영학회지 2001.3
「IT Usage for Knowledge Conversion in KM Companies」, 한국경영정보학회, Information
  System Review, 2001.12
「지식의 분류를 통한 기업의 외부지식 활용에 관한 연구」, e비즈니스연구, 2003.12
『e-Learning 생활 컴퓨터』, 도서출판 기한재, 2005.1
『e-Learning시대의 컴퓨터활용』, 이한출판사, 2004.8
『오피스XP와 프런트페이지』, 무역경영사, 2003.8
『오피스2000과 인터넷』, 무역경영사, 2000.2
외 다수

인터넷시대의 디지털상품 성공전략

– 상품속성별 기술수용모델을 통한 분석

• 초판 인쇄	2006년 12월 30일
• 초판 발행	2006년 12월 30일
• 지 은 이	채영일
• 펴 낸 이	채종준
• 펴 낸 곳	한국학술정보㈜
	경기도 파주시 교하읍 문발리 526-2
	파주출판문화정보산업단지
	전화　031) 908-3181(대표)·팩스　031) 908-3189
	홈페이지　http://www.kstudy.com
	e-mail(출판사업부)　publish@kstudy.com
• 등　　록	제일산-115호(2000. 6. 19)
• 가　　격	10,000원

ISBN　89-534-6070-0 93320 (Paper Book)
　　　　89-534-6071-9 98320 (e-Book)